大家小书

中国史学入门

顾颉刚 著
何启君 整理

北京出版集团公司
北京出版社

图书在版编目（CIP）数据

中国史学入门 / 顾颉刚著；何启君整理．— 北京：北京出版社，2016．7（2025.1重印）
（大家小书）
ISBN 978-7-200-12084-4

Ⅰ．①中… Ⅱ．①顾… ②何… Ⅲ．①史学—基本知识—中国 Ⅳ．①K092

中国版本图书馆CIP数据核字（2016）第077474号

总策划：安 东 高立志　　责任编辑：韩敬群 严艳

·大家小书·

中国史学入门

ZHONGGUO SHIXUE RUMEN

顾颉刚 著 何启君 整理

*

北京出版集团公司
北京出版社　出版

（北京北三环中路6号 邮政编码：100120）

网 址：www.bph.com.cn

北京出版集团公司总发行

新华书店经销

北京华联印刷有限公司印刷

*

880毫米×1230毫米 32开本 11.75印张 193千字

2016年7月第1版 2025年1月第9次印刷

ISBN 978-7-200-12084-4

定价：58.00元

质量监督电话：010-58572393

顾颉刚在香山（1966）

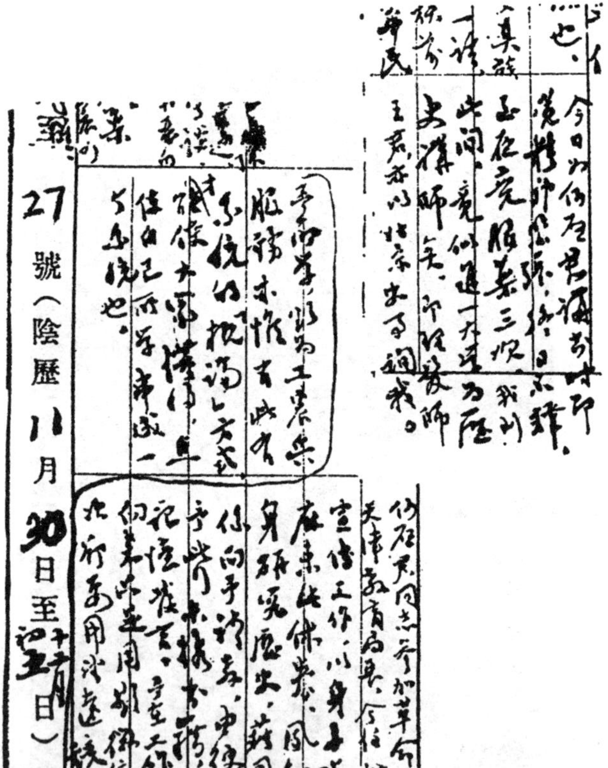

顾颉刚讲史的两段日记手迹

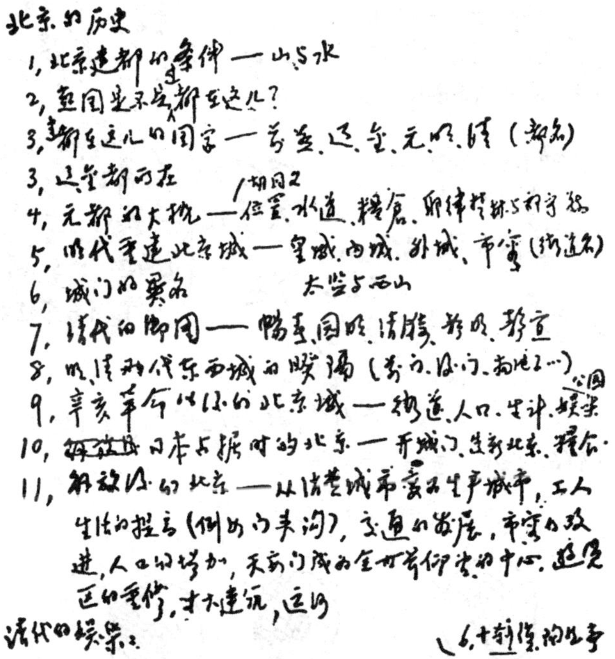
北京的历史

1，北京建都的条件——山与水

2，为什么要建都在这儿？

3，建都在这儿的国家——前燕、辽、金、元、明、清（都名）

3，辽金都所在

4，元都的大概——位置、胡同名、水道、粮仓、衙署寺庙与所有字号

5，明代重建北京城——皇城、内城、外城、市容（街道名）

6，城门的异名　太监与西山

7，清代的御园——畅春园、圆明、清漪、静明、静宜

8，明清两代东西城的繁荣（前门、后门、前池子……）

9，辛亥革命以后的北京城——街道、人口、生计、娱乐、公园

10，~~解放后~~日本占据时的北京——开城门、造新北京、粮仓

11，解放后的北京——从消费城市变为生产城市，工人生活的提高（例如龙须沟），交通的发展，市容的改进，人口的增加，天安门成为全世界人民崇仰的中心，近郊区的重修，水利建设，运河

清代的娱乐

6，十刹海的生意

顾颉刚讲北京史提纲手迹

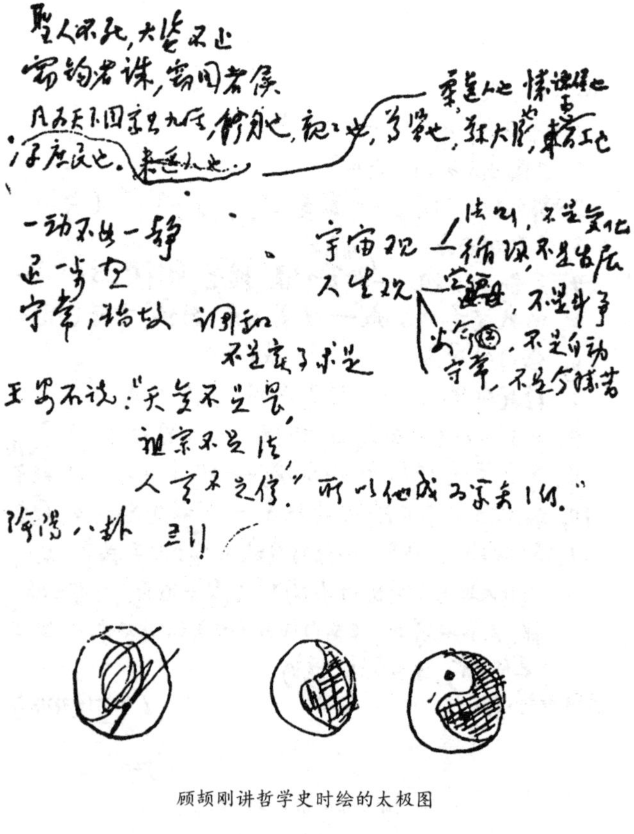

顾颉刚讲哲学史时绘的太极图

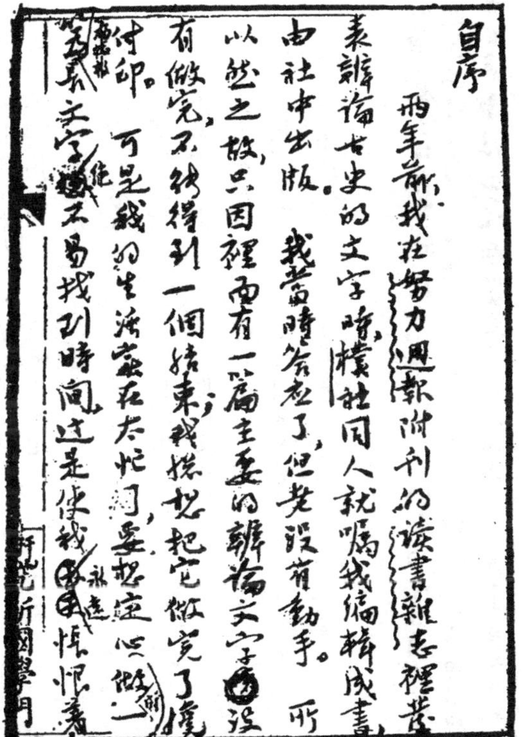
自序
兩年前，我在努力週報附刊的讀書雜志裏發表辨論古史的文字時，樸社同人就囑我編輯成書，由社中出版。我當時答應了，但老是沒有動手。所以然之故，只因裏面有一篇主要的辨論文字沒有做完，不能得到一個結束；我總想把它做完了纔付印。可是我的生活實在太忙了，要想定心做一篇長文字，永不易找到時間，這是使我永遠悵恨着

《古史辨自序》手稿

伤心歌

咱们中国太可怜　打死百姓不值钱
可恨英国和日本　放枪杀人如疯癫
上海成了惨世界　大马路上无人烟
切盼咱们北京人　三件事情立志坚
一是不买仇国货　二要收回租界权
第三不做他们事　无论他给多少钱
大家出力来救国　同心不怕不回天
待到兵强国又富　方可同享太平年

欢迎翻印　看完送人

此传单，发出后即生效，孩子们口中唱了，刷黑的墙上用粉笔写了，以是知通俗文艺之易于入人。九一八事变后，予之办三户书社印国难故，然非北大收集歌谣，予积而熟悉之，亦不能为此。一九七三年七月记

顾颉刚在五卅运动时编写的传单

序　　言

袁行霈

“大家小书”，是一个很俏皮的名称。此所谓“大家”，包括两方面的含义：一、书的作者是大家；二、书是写给大家看的，是大家的读物。所谓“小书”者，只是就其篇幅而言，篇幅显得小一些罢了。若论学术性则不但不轻，有些倒是相当重。其实，篇幅大小也是相对的，一部书十万字，在今天的印刷条件下，似乎算小书，若在老子、孔子的时代，又何尝就小呢?

编辑这套丛书，有一个用意就是节省读者的时间，让读者在较短的时间内获得较多的知识。在信息爆炸的时代，人们要学的东西太多了。补习，遂成为经常的需要。如果不善于补习，东抓一把，西抓一把，今天补这，明天补那，效果未必很好。如果把读书当成吃补药，还会失去读书时应有的那份从容和快乐。这套丛书每本的篇幅都小，读者即使细细地阅读慢慢地体味，也花不了多少时间，可以充分享受读书的乐趣。如果把它们当成补药来吃也行，剂量小，吃起来方便，消化起来也容易。

我们还有一个用意，就是想做一点文化积累的工作。把那些经过时间考验的、读者认同的著作，搜集到一起印刷出版，使之不至于泯没。有些书曾经畅销一时，但现在已经不容易得到；有些书当时或许没有引起很多人注意，但时间证明它们价值不菲。这两类书都需要挖掘出来，让它们重现光芒。科技类的图书偏重实用，一过时就不会有太多读者了，除了研究科技史的人还要用到之外。人文科学则不然，有许多书是常读常新的。然而，这套丛书也不都是旧书的重版，我们也想请一些著名的学者新写一些学术性和普及性兼备的小书，以满足读者日益增长的需求。

“大家小书”的开本不大，读者可以揣进衣兜里，随时随地掏出来读上几页。在路边等人的时候，在排队买戏票的时候，在车上、在公园里，都可以读。这样的读者多了，会为社会增添一些文化的色彩和学习的气氛，岂不是一件好事吗？

“大家小书”出版在即，出版社同志命我撰序说明原委。既然这套丛书标示书之小，序言当然也应以短小为宜。该说的都说了，就此搁笔吧。

目　录

序言

摊开在读者面前的这本小书，是顾颉刚先生的谈话记录。顾颉刚是什么人，这对于我国史学界、学术界，是很熟悉的。但是对于一般青年读者，则有些陌生。

有一位史学界的老同志，为了便于我写篇小序，以简略介绍顾先生，就给了我一篇史学家白寿彝同志的《悼念顾颉刚先生》和《顾颉刚先生主要学术年表》。后者，是“悼念顾颉刚先生学术报告会筹委会”在一九八一年所制。

主要根据这两篇文章，我简要说说顾颉刚先生其人其事。

顾先生是我国著名史学家。他是江苏苏州人，一八九三年生，一九八〇年十二月在北京逝世，享年八十有七。

他四岁读“四书”，七岁读“五经”。十岁开始每天作文一篇，作经义、史论、策论。十一岁读《纲鉴易知录》。一九二〇年，在北京大学毕业，并留校为助教。

他先后在广州中山大学、北京燕京大学、北京大学，以及云南大学、齐鲁大学、中央大学等学校当历史学教授。我听到有的史学专家对我讲："顾先生是我的教师"，"我听过顾先生的课"。应当说，他对于培养我国史学人才，有过重要贡献，是一位老的史学教育家。

史学家白寿彝同志说："颉刚先生，作为一个历史学家，在古史研究上有卓越的成就，在历史地理学和边疆地理学上有新的发展。他对于民俗学和通俗读物，也都是热心的提倡者。"

又说："颉刚先生对史学的见解，几十年来在史学界有广泛的影响。"

又说："颉刚先生在中国近代史学史上，是一位有成就、有地位的历史家，给我们留下的丰富的学术方面的遗产，在国内外享有相当的声誉。"

以上，就应当说是我国史学界对于顾老的公论。

顾老生平著述甚多。我略作摘引于下：

一九二三年，作《〈诗经〉的厄运与幸运》、《与钱玄同论古史书》。

一九二四年，作《孟姜女故事的转变》。

一九二五年，作《论〈诗经〉所录全为乐歌》、《妙峰山香会调查》。

一九二六年，作《〈古史辨〉第一册自序》、《秦汉统一的由来和战国人对于世界的想像》、《春秋时的孔子和汉代的孔子》。

一九二九年，作《周易卦爻辞中的故事》。

一九三〇年，编写《中国上古史研究讲义》及《五德终始说下的政治和历史》。

一九三一年，作《〈尧典〉著作时代考》。

一九三二年，作《从〈吕氏春秋〉推测〈老子〉之成书年代》。

一九三三年，作《汉代学术史略》（后改名为《秦汉的方士与儒生》）。

一九三五年，作《战国、秦、汉间人的造伪与辨伪》、《王肃的五帝说及其对于郑玄的感生说与六天说的扫除工作》、《三皇考》。

一九三九年，作《中华民族是一个》。

一九四〇年，作《燕国曾迁汾水流域考》。

一九六一——一九六六年，作《周公东征史事考证》。

一九六二年，他的《〈尚书·大诰〉今译》（摘要）发表。

一九七八年，整理旧作《〈庄子〉和〈楚辞〉中昆仑和蓬莱两个神话系统的融合》、《“周公制礼”的传说和〈周官〉一书的出现》。

一九七九年，作《“圣”、“贤”观念和字义的演变》。整理旧作《从古籍中探索我国的西部民族——羌族》、《论巴蜀与中原的关系》。并开始发表《〈尚书〉校释译论》。

一九八〇年，整理旧作《禹贡中的昆仑》、《邹衍及其后继者的世界观》。编订《顾颉刚古史论文集》第一集、《孟姜女故事研究集》。

有一位老史学家对我说：“顾先生是以《古史辨》起家的。”所谓《古史辨》，是颉刚先生把他和别人研讨古史的论述，加以编集而成，先后共有八册。考辨古史，他从一九二〇年就开始了。

例如，他所编的《古史辨》第三册是讨论《周易》与《诗经》；又如，《古史辨》第五册，是讨论经学的今古文问题；而其第七册，是研讨神话传说时代的古史。

顾老在考辨古史的学术活动中，是有其独到见解的。例如，他认为“时代愈后，传说的古史期愈长”。周代人心目中最古的人是禹。到了春秋孔子时，最古的人是尧、是舜。接下来，到了战国时期，人们心目中的古人就有了更古的黄帝和神农。再接下来，到了秦朝，就有了较之黄帝更早更古的三皇。而到了汉朝以后，人们说最早还有盘古。

顾老，按照他对于古史记载的看法，认为有些古史传统说法，必须打破。比方说，他认为，古代的神话中人物“人化”之极，把古代说成了黄金世界。其实春秋战国以后的一些古代观念是春秋以前的人所没有的。所谓“王”，只有贵的意思，并无善的意思。自从战国时的政治家，要依托古王去压服今王，就极力把“王道”与“圣功”合在一起。于是把古王的道德功业夸张成高到极顶，好到极处。他认为，要懂得五帝、三皇的黄金世界，原是战国后的学者造出来，以便给他当时的君王做样子的。

在考辨古史时，顾老为什么从一九二二年开始，就花了力气研究《尚书》呢？这是因为他感到我国封建史学体系，主要是从战国到西汉的儒家们来完成的。通过这般儒家的手，确立了尧、舜、禹、汤、文、武、周公这一古史系统。而这个时期的儒家们，主要是靠了《尚书》来创建其古史体系的。要想摧毁这一封建史学体系，就必须摧毁《尚书》的经学地位，驱散它本来面目上蒙着的迷雾。所以，顾先生一生的主要力量，实际是放在对《尚书》的整理与研究上。顾先生搜集、积累有关《尚书》的丰富资料，进行了多方面的探索，写成笔记达数

十巨册。他以充分论证，从根本上动摇了儒家利用《尚书》而编成的古史系统。（见白寿彝的《悼念顾颉刚先生》）

顾老是我国近代的史坛大师，在学术上贡献大、影响广。他在政治品格方面如何呢？也应当说一说。

我有一位抗大二期的同学，他是抗战前的老党员，叫王念基。他对我说：顾颉刚在“一二·九”运动的前后，曾经和我们秘密党员有来往。这位党员经常写些文章宣扬我党抗日救亡的主张，发表在顾颉刚所主持的“通俗读物编刊社”所印发的一些小册子及顾老主编的《大众知识》上。而且，颉刚先生当时以燕京大学历史系主任的社会身份，在以他为社长的编刊社里，还掩护过我党的一些活动，保护过我党党员。这些史实，那个亲身经历过的老党员，在解放后曾几次写过回忆文章，加以记叙。这位抗战前的老党员，名叫郭敬。他在悼念与追记（未发表）的文章里叙道：

“双十二事变后，编刊社拥护中国共产党停止内战，一致抗日的号召。”

“我和社内的几个党员和民先队员，是用顾先生的名义分别聘请来工作的。充实了编刊社的力量，掩护了党、团员的活动，使编刊社成为党员和民先队员在白色恐怖下的一个秘密立足点。”据说，顾先生本人开始不知道他们是共产党，但到后来是知道此事的。

“社长顾颉刚先生是一位学识渊博，国内外著名的史学家，热心抗日救亡和对群众进行宣传教育的事业。平时虽不在社内办公，实际上编刊社是在他的领导和支撑下才能存在。他待人接物和蔼亲切，视社内青年如门生弟子，工作中以身作则。为了编刊社的生存和发展，对南京政府和有关当局，不能不有些往来。但对国民党蒋介石投降反共的行为是反对的，对中国共产党主张的抗日民族统一战线政策是同情的。他很谨慎，在给南京政府文教主管人送编刊社出版的样书时，嘱咐我们把《对内团结御侮，对外一致抗战》和类似的几种宣传进步思想的小册子不要送。他知道这些书的出版容易受到迫害和查禁。”

“通俗读物编刊社”的前身是顾先生创立的“三户书社”。从“九一八”、“一二·九”到抗战，在顾先生努力下，出过各种小册子前后有五六百种，如《傀儡皇帝坐龙廷》、《二十九军大战喜峰口》、《义军女将姚瑞芳》、《打汉奸》等。到了一九三八年，该社迁到西安，还编印了《八路军大战平型关》和《八路军火烧阳明堡》等小册子（见郭敬同志的悼文）。这些小册子先后共发行五千万册，拥有广泛的读者，影响很大。

在“九一八”日本帝国主义侵占我东三省之后，顾老参加燕京大学教职员学生抗日会。他主办“三户书社”，所谓“三户”，是取“楚虽三户，亡秦必楚”的意思。用通俗读物的形式，进行反对日本帝国主义侵略的宣传。

这些，可以证明顾老在“九一八”事变时，在“一二·九”运动中，在抗战前夕的政治风貌和进步活动。这对于一位有社会地位的学者来说，在当时的历史条件下，是难能可贵的。

顾先生在一九二五年大革命时，在五卅运动时，曾经为《京报》编过《救国特刊》。他作了《上海的乱子是怎样闹起来的？》和《伤心歌》。

一九一九年，顾先生受到“五四”运动的影响，曾参加新潮社，作《对于旧家庭之感想》，署名顾诚吾，发表于《新潮》。

中国近代史上有若干大的人民革命运动。一九一九年“五四”运动，一九二五年的五卅运动，一九三一年“九一八”后的人民反日救国运动，一九三五年的“一二·九”抗日救亡运动，一九三七年的抗战斗争，都是些大的人民革命斗争。顾老在上述这些革命浪潮里，在重要的历史关头，在重大的人民斗争中，是有过重要进步活动的。他并非只是埋头书斋的人。

解放后，他拥护中国共产党的领导，自觉接受马克思主义，热爱社会主义制度。他先后任中国科学院历史研究所研究员、中国史学会理事、中国民间文艺研究会副主席。又任全国政治协商会议第二、三届委员和第四、五届全国人民代表大会代表。还被选为民主促进会中央委员。

一九五四年，总校《资治通鉴》。一九五五——一九五七年，他校点《史记》。一九七一年，他和其他史学家奉中央之命，主持校点《二十四史》。

我从一九六六年春以后，就再也不曾同他见过面。后来，我曾问过一位史学家，我说："在'文化大革命'中，顾颉刚先生大概是平安度过，没有挨斗吧！他不是毛主席、周总理点名要他校点《二十四史》吗？"

谁知道，回答是这样的："哪里！哪里！顾先生在'文化大革命'中，挨斗不少、不轻！把他老先生斗得够残忍，够残酷的呀！"

我不禁悚然！在这场"砸烂"、"粉碎"的大灾难中，原来并非只想干掉我们这些"党内走资派"老党员们哪！像顾老这样的大学者，也都不饶！

只是，顾老并未被斗死。他在一九七一年，又重新披挂上阵，主持校点《二十四史》。在一九八〇年，他逝世之前，还以八十七岁的高龄，整理编写好几部学术著作。

我这个人，本来并不认得顾老的。虽说，在三十年代我已久仰他的鼎鼎大名了。然而，一九六五年冬到一九六六年春，我与顾老先生等老专家、老党员一同养病在北京香山疗养院。其间，我没有放过这个难得的机会，我天天向他恭敬地讨教。老先生越谈越兴奋，以后干脆约定，天天上午在他的病房进行面对面的谈讲。一连讲了二十多个上午。

讲的全是古史、史书和史学。有些虽是应我的请教和发问，大部分却是老先生一个专题、一个专题地讲说。我像一个用功的学生，把他的每一句话，差不多都详细记录下来了。他为了照顾我作笔记，就有意地放慢速度，不是滔滔高论，而是徐徐漫说。于是，这部笔记，不仅写得很厚很多，并且有纲有目，条理分明，有其完整清楚的体系。

最后，老先生发话了，说："你是不是可以把我所谈，你所记的，加以编写印成一本小书呢！"那时我的本意，只不过是为了学点史学知识。我当时还在第一线上，有自己的工作岗位，既没有能力，也没有时间编写成书。所以，我当时不敢作出应诺。

十六年以后，一位老党员敦促我："还是把这个本子，整理一下编写出来为好。"我才真的动手做起来。

我唯一的心愿是，这本小书能够对于一些中、青年史学研究人员，对于一些中、青年历史教学工作人员，对于一些刻苦自学历史的人们，能够有一星半点的助益。

也许，我也算报偿了顾老先生的一桩心愿：他当年要我编写的那本小书，我终于尽了我的力量，完成了那个使命。惜乎！顾老已经不在人间，他不能亲自过目了！

何启君

一九八二年六月九日于北京

三版前言——新消息

这部书已经出版了二次，这是第三版。自从初版以来，曾有日文译本在日本出版；还有香港地区刊行的本子。据知也有人译成英文。可惜的是，这些本子都缺了一大块，原因是我漏了许多。这当然是一种不幸。

一九九二年七月，我在收拾陈年老笔记本子时，忽然发现了一个褐色小本本。这里头有95页记录着一九六五年顾颉刚老先生对我讲述的中华古史。这是重大发现，令人惊喜。翻阅之下，知道这个本子，比前一个蓝色本，更为重要。书名《入门》，必须增补上褐色小本的记载，才真的更会体现这一书名。

为什么出了这些事？和“文革”有关。我是一九六五年单独听讲的，一九八〇年才着手整编蓝色本本，那时忘记十多年前原是把听讲笔记先后录写在两个本子上。是“文革”之前所听所闻，到“文革”之后，才单单发现了蓝色本。又过了十多年，才新发现了褐色本。这一发现，就像偶然看见了新宝藏。

对于读者来说，这是新闻！对于编者来说，这是一次新奉献！我感到莫大的庆幸！

这两个本子都是往年不寻常的日子，所作的不寻常的记录。两本合一，才是真正的全璧。

褐色本所记，中心是中华民族之缘起、壮大与发展。这里包含着古族、古事、古人、古文字、古书、古神话、古故事、古器物、古文学、古诗、古代逸闻趣事。

这里是顾颉刚大师一生心血的闪光晶体，展示了他老先生对中华民族之远古先人的深刻探索，也展现了顾先生的渊博与精深。显示着这位鼎鼎大名的史坛巨人对于古史的谙熟、通晓及其铿锵有声的独到见解。

这是一些历史唯物主义的史学研究成果，以至于所有谈论，即使是遣词造句，也是经过精心推敲的。例如对中华上古各族的分分合合，都不随意动用些不科学的语言。

作为整理人，我在整理原笔记时，十分注意不走样子，不离格儿。努力保持顾老原话、原意、原色、原味。当然笔记语言，同他本人的口头语言不可能一般模样。而把数十年前的笔记语言，再化成读者可能看得清的语言，并不可能一个错字、一个错句也没有。

我在编写过程中，对于中华民族的久远的历史和文化，越发感到骄傲和光荣，想读者必将有同感。

当然，一些史学研究家和一般学者，也会感到他山之石，可以攻玉，此书将有助于他们自己的科研工作。

何启君

一九九二年八月于秦皇岛海滨

一 中国民族史概要

今天，十二月十五日，顾老看起来面色红润，腰板倍儿直，精神焕发，应我的请问，兴致盎然地讲述中国民族的源流。他的思路异常清晰，语言有条不紊，逻辑性强。谈起中华民族的历史，他带着一片挚爱之情，高论滔滔不绝。他的北京话带有少许苏州乡音，徐徐漫道。

1. 打破两个错误的观念

人们对于中华民族的来源，有两个不科学的错误观念，必须打破。

第一个错误，说中华民族自从三皇五帝以来，一直是统一的；又一直是封建帝王世代相传下来的。

其实不然，三皇五帝是许多民族在悠悠的远古时期的不同的神；后人才把这些神联系起来，成为许多民族共同的神，称作“三皇”和“五帝”。古人说自己是“三皇”、“五帝”生出来的，是黄帝的子孙。其实，这是不对的。这个说法铁板钉钉般地定下来，就使得科学的民族史无法研究。

第二个错误，以为中国民族是在四面八方之中央，其他少数民族在四边，东方的民族叫做夷，西方的称为戎，那在南方的就叫蛮，而北方的则呼为狄。

实际上并非如此，古时，夷人、狄人各方都有。夷、狄、戎、蛮并没有某种固定的地域分配。

现今，我们知道的有“北京人”，山西“丁村人”，广西“柳江人”。这都是新发现的五十万年前到四五万年前的古人。这些古人，与今日之中华民族，究竟有何联系？还不知道，没有研究清楚。

今天的中华人，只不过四千年。而人类整个历史异常漫长，有文字记载的历史，才数千年。可是，考古，可到达一万年；古生物学可到一百万年；地质学可以到几百万年。真不知，人类史从何时起始。

现在的有文字记载，又有文物为佐证的人类历史，仍旧是太短太短了。

2. 中华民族的形成、壮大和发展

（1）商

古老的中华民族历史，有文字资料的，自商代的甲骨文起始，算来不过只有三千到四千年。

商人，是中华民族。它的东边为鸟夷人。鸟夷人把鸟作为自己的图腾。凤鸟氏、玄鸟氏和爽鸠氏都是鸟夷。鸟夷人所占地域极为广大。大概以山东为中心，最北到东北地区；南到江苏；西到河南。这些都有考古的根据。鸟族文化是黑陶文化。黑陶在山东、河南、东北、江苏等区域发现很多。黑陶的特点是薄，上面都有鸟头。这些是近些年才发现知晓的。

商的西边是羌人。羌人占地有陕西、甘肃一带。

商人在河南、河北地区。同其他部落比起来，当时已算是很大的了。

商的南边是越，在甲骨文中无越的资料。因商同越的交往少。那时，商与南方、北方的关系少，而与东方、西方的关系多。

商的北面，仍是夷。夷人沿海而居。另外它的北边还有狄，但关系不多。

商代的中华民族大概如此。

(2)周、秦

商之后为周。周是羌人。羌人分成两支,一是姬姓,一是姜姓。都起源在渭河流域,陕西一带地方。姬姓同姜姓联姻。羊加男人为羌,羊加女人为姜。他们都以羊做图腾。

周人后来向南、向东方扩展。向南方扩展的是太伯。他沿汉水向东南发展到湖北、江西、浙江、江苏,建立了吴国。这当然不是太伯一人、一次行动所达成的,而是慢慢地逐步形成的,从而吴国为周所统治。那个地方原本是越人。

另外,周人向东扩展到了山西,再往东南到了河南。这一来,周人便同商人起了冲突,发生战争。结果,周灭了商。周的地方大了。最初周武王时候,他们扩充到河南、陕西、山西三省,地域就很庞大了。

周武王死了以后,他的子侄起来叛乱。这就引发了周公的东征。东征名义上是平叛,实际上则大大开拓了疆域。河北、山东都被吞并了。这个地带原是鸟夷的居留地,鸟夷人被迫分散,有的留下,有的逃到南方,有的逃往西方,有的跑往北方。所以周公东征的地方愈大,鸟夷人的分散也愈广。

后来的秦人,姓嬴,是鸟夷的一族。周公把秦人从东方赶到了西方。后来的越国，也是鸟夷人，嬴姓。犬戎灭了周，东方的鸟夷人姓嬴的自东方搬迁到西方。总之，东方和西方的各族混合了。到了秦代，东方的各族的人，则为来自西方的人（秦人）所统治了。

狄，即犬戎，以犬为图腾，商时已有。到周时，同犬戎就近了。狄在西、北方，势力很大，地域很广。西部的在陕北地区，北部的在山西、河北地区，内蒙古全是狄人。战国以后变为匈奴。历史上的匈奴，来自狄人。

到了春秋时代，狄人分为白狄和赤狄两支，用旗的不同来划分。赤狄占地在陕西、山西、河北一带。白狄在河北的定县。晋人灭掉了山西与河北的很多白狄和赤狄。到战国时期，秦又灭了陕西白狄。于是，狄更往北去。所以，战国到秦、汉，狄人都到长城以北去了。秦、晋、燕各国都营造长城。到战国时，晋国亡了之后，赵国、秦国、燕国全都造长城，为的是防御狄人。

秦、汉以后，匈奴力量大，地域比中原还要大，占有了蒙古和新疆。匈奴人善于骑马射箭，善于打仗。所以秦朝特别派了大将蒙恬去抵御匈奴。可是，仍然被匈奴人抢去肥沃的河套地带，直到汉武帝时候才夺回。

秦、汉时代，在北面以长城阻挡匈奴的战马。在南方，就开拓越。西周时吴太伯已到了越，这时又到南海郡和桂林郡（即广东、广西），还到了闽中郡（即福建）和象郡（就是越南）。

越南的越人，在古代原本和浙江的越人是相同的。浙江的越有瓯人，东瓯人在温州，西瓯人在广西。

南方的越人，用船向南方去，十分便利。如同北方的匈奴用马，能开到远方。

越人，矮小的身子，黝黑色的皮肤，所以也有人称其为马来种族。因为体格和马来人相同，这一种族，也许是中原人。再往南，则到了东南亚，好像匈奴人之到了西伯利亚。

所以，古代的中华人，分为三：

① 在中间地区，中华先人，是东方的人和西部的人所合并起来的。

② 在北边地区，匈奴人，向北扩展。

③ 在南部地区，越人。

因此，可以这样说：全亚洲，在远古的岁月里，曾是三族共同开发。古日本、古朝鲜可能是鸟夷人。因为鸟夷人说，其祖先是鸟卵所生。在朝鲜，现在有许多证据。

从商、周到秦代，许多民族合并起来，汉代以后就叫中华民族，这其中包括了许多少数民族。例如，贵州的夜郎国，云南的滇国都并到一起。夜郎国，在汉武帝以前是独立存在的，到武帝时把它合并了。“夜郎自大”是怎么回事？汉朝使者到夜郎国，夜郎国王问道：“汉朝，比起我夜郎国来，孰大？”所以留下这个典故。比喻一个人不知天高地厚，而妄自尊大，人们就说他是“夜郎自大”。其实，他本不大。

中华民族的形成、壮大和发展，要归功于三个人：

① 周公，他并下鸟夷，一直到了东方，到了海边。

② 秦始皇，他并下了南方的越，到了福建、广东、广西。

③ 汉武帝，他发展到了云南、贵州。

四川，战国时，秦国就加以开发。四川，一是巴，在重庆；一是蜀，在成都。秦始皇之能够统一全中国，和开拓四川大有关系。因为，四川有米，打下巴和蜀之后，有了三个大地区，就可以攻取东方，东方却不能打四川。

内地的小种族有许多许多。如蛮，它分很多个种族。对于蛮的开发，要归功于楚。

楚，本为东方的人，同鸟夷很近。楚人姓芊。楚以羊为图腾。原先在河南的东部，被周公一打，迁徙到汉水流域湖北一带。到了荆山，周公的力量达不到了，以后，它壮大起来。接着，南方的许多小种族都为它所合并。包括安徽、湖北、湖南、江西等各区域。楚曾派人打云南，没有成功。但南蛮的大部分是被楚所同化。

战国时，越国灭了吴国之后，楚国把越国灭掉。所以，楚在春秋、战国时代，地域最大，其周围有五千里。其次，才是秦。当时，许多人以为楚是要统一全国的；可是，楚却为秦灭掉。

春秋时代，有四个大国。即齐国、晋国、秦国、楚国。齐国占了山东的大半（东北部），及河北的南部。晋国占了山西的全部及河北的西部。晋国本在山西的南部，它向北发展，到了雁门关以南一带地方。

秦国，原先是在甘肃的东部——清水县。后来它扩充到陕西中部，再扩充到陕北以及陕南，加上甘肃的西部。到战国年间，秦国扩展到四川。秦始皇时，已经达到了福建和两广，这时的版图同当今的领域，就已经差不多了。

说到燕国，很有味道，它本来很小，可是到战国时期却大起来。它到了辽宁及内蒙古的东部。燕昭王向东北发展，到达热河、辽宁。这一扩充，主要是打击了朝鲜。原在辽宁、热河、河北、东北之一角的朝鲜人，便移到了现下的朝鲜。

朝鲜人称大河为滦。“滦”字变音成“辽”，又变为“凌”，这在韩音中，都是河。

朝鲜人东迁，但是有一部分朝鲜人仍然留居在东北，这就是原名称的高丽。到唐朝，唐太宗又去打高丽，当时主要在今之鞍山一带区域。所以战国时的燕国很大。

战国时候有七个国家最大，即齐、楚、燕、赵、秦、韩、魏。当时韩国、魏国在他们各国中间地方，被挤得无法向外扩大。韩国就是河南的中部和西部；魏国是山西、河南与河北的各一部分，这是最小的两个国家。

赵国往北发展，它原来在山西的北部和河北的西部，建都在河北的邯郸。

（3）汉

十二月十六日，香山疗养院院址在香山公园的里头，位在山脚下一个小平原。院的四周都是山，我们环香山而居。十二月，闻名的红叶大部凋落，只有零零星星的红色枫叶挂在枝头。人们仍可以寻觅到好看的、完整的叶片，夹在书间。

为了追求知识，我经常在山间小路陪同顾老散步谈心。当然，我不放弃任何一个时机，向大学者讨教，问问这，问问那。顾老可说是学富五车，满腹经纶。从三皇五帝到盘古开天辟地的传说，举凡中华古族之每一史篇，他都顺手拈来，口中滔滔，绝无停顿。以一老者，其记忆力之超群，那是惊人的。他还诲人不倦，每一对他来说本是平常之题，他都耐心细讲，令人感到娓娓动听。

在室内，在病房里，正式开讲时，他更是正襟危坐，双目放射出智慧、和善的柔和之光。我忽然想起什么叫厚积薄发。他腹内所容纳的史学知识太广太博了，而讲得又是那么浅近易懂，大概就是这个意思吧！

今日，继续讲说中华民族的古史。老学者如数家珍地说着。

汉代武帝时候，到达河西走廊，又扩大到新疆及朝鲜半岛的中部和北部；再加上贵州（夜郎国）同云南。汉武帝的疆土大极了，中华民族壮大了，凡汉疆域内的人都说是汉人。实际上，人的血统很乱。汉人不是单一的血统，是许多族的混合。

汉武帝打败了匈奴，单于（即王）呼韩邪就向汉朝投降。汉宣帝时，匈奴来朝拜。汉元帝时，就把王昭君匹配给呼韩邪。在这个时期里，匈奴是投降，不是压迫汉人。

这时，匈奴分为一南、一北两支。向南的匈奴投降了汉朝。这一支中有一部分后来到了山西。向北的一支，北匈奴，到东汉中叶被大将窦宪打败。它向西发展到了中亚，再向西到了欧洲。现在的芬兰和匈牙利是北匈奴后人。

自此以后，匈奴没有了。南匈奴，变为汉人，北匈奴，变为欧洲地域的人。

（4）三国、两晋、南北朝

发展到三国时期，统一的中国分为三。这也有好处，可以再发展。

曹操打败了乌桓。乌桓是鲜卑人，鲜卑人原是西伯利亚人，鲜卑是西伯利亚的变音。他们占有热河一带，把乌桓强迁到内地来。曹操打败乌桓，就向东北扩充。

刘备的西蜀向南扩充到云南，把云南和四川连成一片。

东吴向海上发展，派了朱胜驾上战船去清剿海盗，发现了台湾。这是大陆和台湾有关系的开始。公元三世纪，吴国派人到了台湾，占有并加以统治。只是吴国被灭掉之后，台湾就无人去管了。

吴又开发了广东，名谓广州和交州（广东之西部）。本来，秦和汉代就已经到了广东，但无大开发。到三国时代，同化了。

晋统一了三国。但时间很短，不多久就闹起五胡十六国之乱。五胡乱华，一个是南匈奴，在山西地带，起来闹。二是羯，这是由南匈奴分化出来的一支，也在山西（山西匈奴人多）；还有鲜卑人（原是西伯利亚人）起来闹，他们在热河地带；再是氐人，战乱发生在四川；又有羌人，在甘肃、青海起来作乱。

五胡，都想抢占中原。所以，这时他们先后立起十六个国来。这十六国都在黄河以北，黄河以南的区域，属于东晋，都城在南京。

北朝的后魏最是强大，他们是鲜卑人。北魏开始在山西大同建都，后来发展到黄河以南，就迁都洛阳。

北魏孝文帝下令，使自己的民族全部汉化。衣服穿汉服，语言、文字一概用汉语、汉字，于是北魏完全汉化。这个族的姓也改了，如姓拓跋的改姓元。他们不再姓两个字，只姓一个字。

同时，鲜卑族的一支由首领吐谷浑率部人到达青海，从事游牧，用汉文，并以他自己的名字作为族名。他们原先在东北，以后渐渐到达西北。

（5）隋、唐、五代

隋统一了南北朝。隋炀帝做了一件好事。他把运河连接起来，使南方同北方的文化易于交流。中国自古以来，所有的河流全都是东西向的，自从运河开通并联系起来以后，就有了南北运行的河道，南北经济得以大畅通，使苏州、杭州、扬州成为全国的商业中心。运河把木材、粮食、盐、丝品运往南北，方便快捷。

到了唐代，唐太宗时候，疆土大大扩张。例如新疆，汉代已经开发，但没有设立郡县，所以仍有三十六国。到唐代，改设郡县，加强统治，进一步开拓。

唐代在东北，设立了安东都护府，为的是治理朝鲜。又在新疆设置安西都护府；在越南，设立安南都护府，从此，越南就一直叫安南；在内蒙古设置安北都护府。这一来唐的声名大极了。全世界能来的，全来了，阿拉伯、波斯、东南亚的人都来了。

唐代的疆域，比起汉代来，更大。

唐代开始同西藏有了关系。藏人原是羌的一支，本名发羌。藏人读“发”为“拨”的音。读“大”为“吐”的音。所以称作“吐蕃”。这个“蕃”应读为“拨”的音。唐太宗把文成公主嫁给藏王，有许多工匠随嫁而去，还带了不少种子，以帮助吐蕃建设工业、农业。又有些乐人，搞音乐，所以布达拉宫至今有唐乐。这一下子，唐和西藏成了甥舅之国。此后，西藏同中央有了亲谊。

唐代，外国人来得多，他们来中国，第一先登上广州，广州就繁荣起来。所以后来广东话中唐音最多，广东人自称为唐人，华侨在外国聚居自称唐人街。

唐时，开发疆土极大。到五代就不行了。后梁、后唐、后晋、后汉、后周，是为五代。汉人朱温篡唐，建立了后梁；沙陀（在今新疆）人李存勖灭梁，建立了后唐；沙陀人石敬瑭借着契丹（在热河）人之助，推翻后唐，建立了后晋；沙陀人刘知远乘契丹灭了后晋，建立了后汉；汉人郭威推翻后汉，建立了后周。五代前后不过五十三年。

说起来，五代时期倒也没有什么破坏。只是乱七八糟。此时，文化有一点进步！把古书刻在木版上，印出来。有个人叫冯道，他是三朝元老，办了这件好事。

（6）宋、辽、金

宋朝的疆域缩小了，是统一朝代中最小的。比之于秦和汉，比之于唐，数它最小。

宋放弃了东北，放弃了河北的北部，即燕云十六州，都弃给契丹人（热河为其原居地）。

宋太祖把南方的，大渡河以南的土地，从地图上以御斧砍去，全部放弃给大理国。

宋最怕辽。辽是契丹人，这时已经占有了东北。每年宋都得送些金、银、丝等财物给辽。于是契丹愈加强大，常常要和宋打仗。所以杨家将的故事就发生在山西一带。辽前后约有百年。宋、辽常开仗，宋常败北。辽成为大国，占有全东北。

金人起来了，金人是满人的祖先，是当地人，在吉林等处。金人受辽压迫过甚，就起来反抗，灭掉了辽。这也就是满人灭了鲜卑人。金人接着又去攻打宋。宋徽宗时，皇帝只喜欢字画和玩乐。最后北宋亡了国。北宋原在开封，宋高宗被迫到南方建立南宋，都城在杭州。宋和金，以淮河与秦岭为界，后来宋向金称臣。金先后不及百年，也就完了。

（7）元

不久，蒙古起来。成吉思汗原在外蒙古。人越向北方越勇，马越靠北边越骁。蒙原本还是个小部落。经成吉思汗东战西打，成为大国。

成吉思汗不打中国，他往西去打西夏，即宁夏，这里当时是藏族、羌人，一下子灭了西夏。他又打到中亚，打到俄罗斯，打到莫斯科。早先俄罗斯本不是统一的，蒙古人去攻打，倒使它统一起来。

成吉思汗立了四大罕国，罕即王，就是王国。在东北，立一个罕国；在蒙古有两个罕国；在中亚，也立了一个罕国。这就把北冰洋以南（包括西伯利亚），长城以北，东到东北（除朝鲜之外），西到东欧的广大幅员的领土，全都统一在成吉思汗的统辖之下。

成吉思汗的孙子忽必烈，才打到中国来，并建都于北京，国号称元。另外那四个大罕国不在它的管辖之下。它有中国和东南亚（印尼除外）、印度支那半岛和朝鲜，通通包括在它的领域之内。元朝的地方，实在太大了。

在元代，蒙古人为首，色目人第二（一切外国人如波斯人、阿拉伯人、意大利人等），汉人属第三，南方人（即淮河以南的人）列为第四。由于元人种族压迫至甚，汉人的反抗亦最甚。八十多年以后，汉人朱元璋起事，灭了元朝。

马可波罗发现了中国，把欧、亚两大洲联通起来。

总的说，元朝好处：一是戏曲的发展；二是欧、亚相通。

（8）明

明朝的国名，来自明教。明教即波斯的摩尼教。朱元璋把元人赶回蒙古去，建立了明朝。

朱元璋的儿子明成祖重造万里长城。从前的长城都用土，宋以后改用砖，明成祖完全用砖。

明代疆域比元代小。这时期没有朝鲜了，没有内蒙古了。长城以外，全非明的领土。西藏明称为乌思藏，置乌思藏都指挥使司。西藏的喇嘛教自元代传入到汉人中。

明代没有新辟的疆土，只有十八个省。云南设土司治理，安南、缅甸只是进贡。

明代移民是大事，从内地各省迁徙大量人民去云南。所以云南话到现在还很好懂。

明朝另有一件大事，郑和太监下西洋，就是到南洋去。南洋的各个岛国他都去了，去过印尼很多地方。这给华侨开了路，此后广东、福建移居去南洋的更多。

（9）清

清朝地方大，元以后数清代地域最广大。

清时有了新疆，新疆地方自宋朝之后放弃了，到清朝重新开拓，所以名叫新疆。这一地区，是康熙时重开，乾隆定名。

清时又开拓西藏。从明代以后，西藏实行政教合一，喇嘛管政治，没有藏王。到清代在喇嘛活佛死去以前，最后用手一指，照此方向的远处寻找这时出生的小孩，抽签决定哪一小孩可继承活佛。而抽签人是清人，于是清人取得宗主权。清朝并不直接管理，设有驻拉萨的办事大臣管大事。西藏只有庙没有王。

对蒙古也这样，清对蒙古也取得宗主权。蒙古有王。清政府在蒙古也设办事大臣，分设于两处。蒙古的盟族管政事，清政府不派人去管旗内的事。

清人推行怀柔政策，常以公主嫁予蒙王。此外，又设都统，管军事，一设在绥远；二设在察哈尔。这两区在清代时候，都在蒙古范围。

清人对新疆，设伊犁大臣。

清人即金人，他们自称是后金。在入关之前，努尔哈赤之子清太宗时，改名为清。清人把“清”“明”二字联起来，“清”在“明”之上。

满洲，不是地名，是佛教中的尊号。就是“曼殊”，变音成了满洲。

清代统治甚是巧妙。所管臣民汉人排第一，满人排第二，其次为回，再次为蒙、为藏。汉、满、蒙、回、藏，五个族。对于满以外的各族统治都实行怀柔政策。

满人作为统治者，容易当官，却不能经商、务农、做工。只靠官粮。其大臣可以自己任意圈地成为地主。满人进关是大量的，以为不劳动可以吃饭。但到后来，当官的还行，普通旗人没有生机，就很苦了，其妇女当妓女的颇多。

清朝对于汉人采行科举制度，以保护他们的利益，对待心怀不满者，则大兴文字狱。康熙、雍正、乾隆三代所兴文字狱多极了。在经济上，清人不大管，着力在政治上压迫。

对于蒙、藏，尽量提倡喇嘛教，家中有两个男性就送一人去当喇嘛。所以，蒙、藏人口越来越少。蒙古少到百十万；藏人才二百万。

自唐朝开始，回教随阿拉伯人来而传入。唐以前，只信佛。

回纥族，在南北朝时就多，他们也就是后来的维吾尔。他们先信伊斯兰教，所以名曰回教。阿拉伯人，最早先到新疆一带。

突厥。唐代突厥强大，占有蒙古地带。后来很快就变化了，分为东、西突厥。一部分同化到蒙族中，一部分同化在维吾尔族。土耳其，原是突厥，所以，外国人曾称新疆叫做土耳其斯坦。新疆人的长相，有些像西方人，因为他们是突厥的后人，先在西方建立了土耳其国。

匈奴族，究竟属于什么族，有争论。有人说是蒙古族，有人说是突厥族。

蒙古族本身只是一个小部落。他在成吉思汗以后，发展起来，容纳了许多民族。

顾老说起历史来，谈兴越来越浓。可是，他老先生从来不拿个本子，甚至也不曾有过提纲边看边说。而所谈内容又广、又深、又细，又前后呼应，条理性、逻辑性强得很。我生平听过的讲话多多矣，然而，如此之博、如此之专的大学问，唯顾老数第一。大学者，是不是个个都治学这般严，这般精，记忆得这般清楚？

3. 各民族神话中的祖先

十二月十九日，香山是北京西山一个极为幽美秀丽的小山。这里曾作为清代乾隆皇帝的一处行宫。环山有密密的青翠松柏。十二月，隆冬季节，松林的碧绿和红色枫叶两相映照，美极了。

我的病友们常穿行在翠松、枫叶相同的峰峦上。我渴求知识，就伴着顾老漫步；也伴着佛教大师赵朴初老诗人与大画家吴作人，在山林小道上谈着，倾听着。回到病房我赶紧用笔录下来。

所以日记本就成为无价宝藏。而以记录顾老的史学讲谈为最多、最系统、最珍贵。

顾老的治学精神如青松之坚强，所以他的学术成果异常丰硕。

（1）盘古开天辟地

盘古是南方各民族神话中的神，说他用斧开天辟地。苗人的这个神话，被汉人所接受。他不是一个族的祖先，而是所有苗族和瑶族人的祖先。苗族居住区域内，有盘古的庙，逢到节日就来纪念他。每一族的每一支，每一年都纪念盘古。

苗族和瑶族人，在东汉以后，向南发展。他们原来在湖南，却被楚国赶走了。现下湖南西部还有苗人。凡能种田的地方，都被楚人和后来的汉人给占了。

（2）三皇五帝的各种说法

盘古之下，有三皇。战国时说的三皇是：天皇、地皇、泰皇。这是秦人的说法。那时，人没有地位，所以三皇都是神，到汉朝，变了，说三皇是：天皇、地皇、人皇。

在秦始皇时候，他让大家议他的称号。大家说，古人云：三皇以泰皇为最贵。秦王说，自己愿意称作皇帝。皇帝是三皇五帝的简称。于是，决定尊称：秦始皇。

《楚辞》中用了东皇、西皇，是上帝的意思。道家说，天、地之上，还有道。道即太一，于是称秦皇为至尊。道家认定：无天地之先是混沌。这一说法又和盘古开天辟地，在天地之先，在天地之上的说法统一起来。

到汉代，改天、地、人，为三才。才的意思是材，是根本。以为所有的一切都源于这三才。人，在天、地之中。这时，汉代才有了人。表示人力很大，能改天换地。后来，说天皇十二头，地皇十一头，人皇九头。这有两种意思：一是神话，是说天皇有十二个头，地皇有十一个头，人皇有九个头。二是一种理性说法，说是天皇传了十二代，地皇传了十一代，人皇传了九代。

考究起来，历史上实际上没有三皇。三皇之说，是一种人的理性上的学说。三皇说，直到清朝，一直无变化。

再说五帝。五帝在古代的三本书中，有三种说法。

第一，《五帝德》，是《大戴礼》中的一篇。其中说五帝是：黄帝、颛顼、帝喾、尧、舜。这一说法，司马迁所作的《史记》采用了。

第二，《易传》所说的五帝：庖羲（代表渔猎）、神农（代表农业）、黄帝（代表社会制度）、尧、舜。这一说法，更加理性化了。

第三，《月令》，《小戴礼》（《礼记》）中的一篇，说五帝是：太昊、炎帝、黄帝、少昊、颛顼。

以上三种说法中，都有黄帝；第一和第二说里都有尧、舜。

《尚书》中，有《尧典》篇，讲尧与舜的事，又称《帝典》。后人说孔子编的古史书，叫做《尚书》，是古代史官的记录。说是孔子不信黄帝，所以只有尧、舜以下的历史。这样，自孔子之后，推翻了三皇，历史从尧、舜以后起始。近代康有为说，孔子不过是托尧、舜之古以改制，实际上没有尧、舜。

说到这里，得联系五行来讲，五行相克说从战国时候开始有的。汉朝发展了五行说，又有了五行相生说，意思就是：

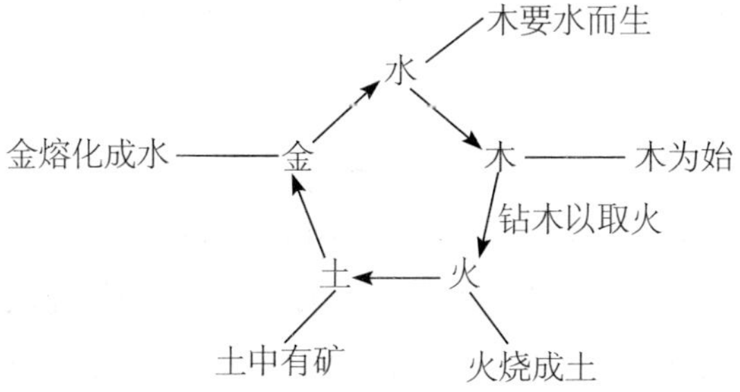

这就是五行相生。把宇宙万物归为金、木、水、火、土。

五行相克说，是这样的：

这一五行相克之说，似乎更有些科学性。这是科学的根源，也是迷信的初始。算命来源于这里。自汉以后，采用五行说，以发展迷信。把什么都说成五行了。

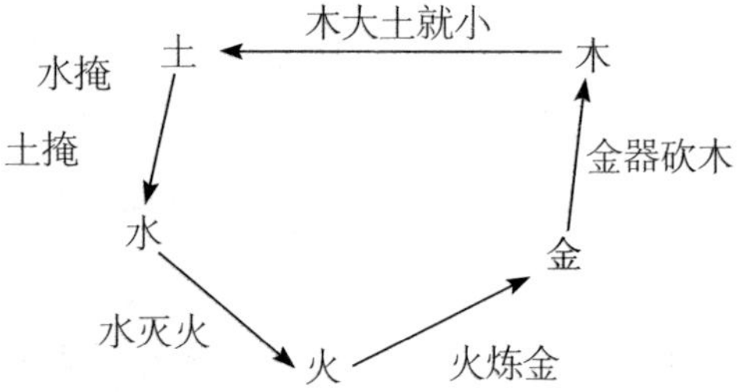

在五行相生说以后，汉《小戴礼》中的《月令》就是说皇帝以下与人民百姓每月要做的事。这些事要按五行的次序去做。

例如：太昊（木，即种），是春，在东方；炎帝（火），是夏，在南方；黄帝（土），土王用事，每季有十八天，在此期内干一切的事。土事分于四季之中；少昊（金），是秋，在西方；颛顼（水），是冬，在北方。黄帝居中，四时皆有，最高。

西汉时期，这一说法甚是盛行。凡杀人，都要秋决，因少昊，用金于秋。那时候说，春生，夏长，秋杀，冬藏。

西汉末年，有个刘歆，他想用五行相生说调和以上三种五帝的说法。他的新说法是：

伏羲

① 太昊伏羲氏　　木

② 炎帝神农氏　　火

③ 黄帝轩辕氏　　土

④ 少昊金天氏　　金

⑤ 颛顼高阳氏　　水

这是第一轮的五行。

⑥ 帝喾高辛氏　　木

⑦ 帝尧陶唐氏　　火

⑧ 帝舜有虞氏　　土

这是第二轮的五行。

这乃是刘歆说法。他把五帝弄成为八帝了。汉光武帝刘秀，说自己得了上天给的赤伏符，也是火，因为汉是火德。曹丕称帝后，年号称黄龙，表示自己是土德。上述刘歆这个说法，一直保持到清朝。

现在研究起来，可能是：

伏羲氏——为一个社会时期。太昊，是天神，人拜天神之意。

神农氏——为另一社会时期。

轩辕氏——亦是一个社会时期，这时有了车。

这些都是有文字史料以前的历史，没有根据，都是人们的推想。

到战国时，有个韩非子，他又提出有巢氏、燧人氏之说。这都是推想的，把社会人格化。《尚书》中有传说，有推想。

黄帝

神农

中国人用火已有四五十万年了。在那个远古时候，部落有许多，没有统一的皇帝。

（3）夏、商、周的传说和历史

现在的中国史，只能看到夏、商、周的史料。夏在周的文字史料里才能看到一点，可是仍然一直没有找到夏的器物作证。根据文字史料，商以前肯定有夏。至于夏以前的事，就无法肯定了。

夏时，称王为后。夏的王有名叫相的，又有个名叫皋的。《左传》上讲："崤有二陵焉，其南陵，夏后皋之墓也。"崤，是山名，在函谷关以西，陕西的东部。

周，常自己称作夏。周、夏可能是一族。夏，是从西方来的；周也是从西方来的。南阳，夏人的居留地，见《史记》。夏在河南的西部。

中华二字来源于夏，夏与华，古时同音。因人们居于中间地带，所以称为中华。

夏、周都来自西方，又建立了大国。夏代有四百年，周代有八百年。时期很长。长期间来自西方的民族治理着中原之地，故曰中华。

禹，可能是夏时人们所崇拜的神。在《尚书》中，有《禹贡》篇。这是战国人所作。这一篇讲地理，把天下分成九州：

冀州——山西、河北；兖州——河北、山东；青州——山东东部；徐州——山东南部、江苏北部；扬州——江苏南部，浙江、江西；荆州——湖南、湖北及河南的南部；豫州——河南；梁州——四川、陕西南部；雍州——陕西、甘肃。以上地域是战国时代七国的范围。

《禹贡》篇是为了向皇帝进贡而作的，分别讲各地、各地区、各个经济地理状况，连当时的水旱交通路线也写了。这是史书中很有价值的一篇。使人相信，中国自古以来是大统一的。

周时，在文字上已有禹这个人。中国的历史，先有神话，再到传说，再到历史。所以，禹可以有二个说法：一说有其人；二说无其人。或者说：本有其人，或传而为神；或者说，禹原为神，后为人。

总之，可以说，黄帝、尧、舜，用历史科学来考察，肯定是没有的。禹，可能有，可能没有。黄帝、尧、舜、禹，可能将来在甲骨文中，发现文字证据。

孟子说：舜为东夷之人。尧让位给舜，舜让位给禹的传说，怎么产生的呢？原来，古氏族社会，男人嫁出去。上一代人的婿为酋长，他再传位给下一代的婿。这保留了上古之民的让位残余。母系社会原为母性统治，后来转而变成女子的丈夫统治，他再让位给女儿的丈夫。这样，才有尧让舜，舜让禹的传说，在旧社会，我用了八年时间研究三皇五帝，才有了成果。我替商务印书馆编教科书时候，我用了“所谓”二字谈三皇，说五帝。戴季陶是国民党要人，知道了以后，说是这样取消了中国民族的信心。为此，他要罚商务印书馆一百六十万元，后来托人说情了结此案。这是民国十三年（二十年代）的事情。我一气之下，到了燕京大学，连续发表了数篇文章，详细阐发三皇、五帝的考证及结论。

顾先生有《三皇考》专书，专写自己的这部分研究成果。如今，他口头说着，我手中录着，心中记着。感到这实在是大学问，要钻研多少古书，多少古史资料，才能有胆有识地发表给世人！令人赞叹！

二　经书、子书和战国古书

1. 最早的中国文字

中国文字，最早的是殷墟甲骨文。更早，是否还有文字，要将来看出土的东西。

现在从甲骨文上来看，甲骨文原来只用于当时的占卜。上古之时，凡要记事都记在竹子上。可是竹子不能存留久远，而记在甲骨上则可长久留存着。

甲骨文保存到现今、且已被发现的，约有二十多万片。原来，商王很迷信，凡事都要占卜。“卜”字，是占卜时火烧骨头上的裂纹。商王所占卜的事记写在骨上，于是成了史料。并且，连商王的世系也找到了。只是不记人名。

2. 经书漫谈

到了周代，有了五经，是最早的史书。这五经是：

①《尚书》。

②《易经》。

③《诗经》。

④《礼经》。后来又分作三经，即：a.《仪礼》；b.《周礼》；c.《礼记》。

⑤《春秋》。《春秋》又分成三：a.《左氏传》；b.《公羊传》；c.《穀梁传》。

再加上《孝经》、《论语》、《孟子》、《尔雅》。共有十二经。五经变成为十三经。

那时贵族的教育是：礼乐、射御、书数。其中至为紧要的是礼、乐。礼字，本是送玉给人。礼与乐是配合的。人们见了王，见了诸侯，见了大夫，见了朋友都要行礼、唱诗歌。所以那时人们都善于歌唱。那时的乐师不以知识丰富作为专长，而是唱用于礼的诗。其次是射御，以便作战时之用。而史书，在教育中并不重要。因为，作史，是另有专人去做的。至于数，由于要管理，得用数。所以，古代教育有上述六项，分三类：一行礼；二作战；三管理。

（1）《诗经》

《诗经》有风、雅、颂。颂，是祭祀祖先的时候所用。风、雅用于交际。雅，用于高贵的客人。风，多半是抒情的。

诗同乐，不能分。古代的乐器有钟（金）、鼓（革）、琴（丝）、瑟（丝）、箫（竹）、磬（石）、柷（木，木质打击乐器）、笙、匏、敔（音于、土）。瑟，现今已经没有了，它有弦二十七条。

（2）《尚书》

《尚书》是王和贵族讲的话。尚，是上古的史。汉以前叫书，表示是用文字书写的。汉代人以为那是从古时传下来的，所以叫它为《尚书》。《诗》只有三百篇，而《尚书》有如档案，多得很，没有数。春秋、战国直到汉代，都抄了古时的书简，到后来书简都烂掉了。他们抄写时也改动那些书简，抄一次，改一次。有些，就失去了原来面目。最初抄写《尚书》的人，不知虞、夏的事。到战国时候，有了《墨子》和《左传》，才多出虞和夏二部分。汉朝人所用孔子、墨子引的《尚书》，已经不是原来的《尚书》了。原《尚书》篇帙浩繁。汉代人说孔子编了《诗经》和《尚书》，事实上不是这样的。现在所看到的《尚书》，是汉朝人选编的。《尚书》是中国最早的史书。

《尚书》可以分为五大类：一是典——记君王的事；二是谟——记载臣对君的言论；三是训——记对一般政事的议论；四是诰——一些文告；五是誓——誓言，誓师之词。

古代史事，在典这个部分中。《尚书》记言多，记事少。后人知道夏、商、周的事情，幸亏是有了《尚书》。可惜的是，《尚书》只留下来二十八篇。

汉以后，魏代有王肃，把汉代的《尚书》所没有了的，又编了一下。有的有根据，有的是他自造的。王肃加写了二十五篇。他又把汉代《尚书》里面的专门文章分出五篇来。于是总共成了五十八篇，传到今天。王肃伪称《尚书》原是一百篇，经过秦代焚烧之后，只存下五十八篇。

宋代学者经过研究，确定二十五篇并不是原作，对此提出怀疑。以后，讨论了八百年，到清代乾隆时，作了结论，肯定这二十五篇是假造的，但是其中也有些真正的史料。

（3）《礼经》

——《仪礼》

《礼经》，即《仪礼》，这里分为：

① 冠，成年人戴冠时，加上自己的字；② 婚；③ 相见；④ 燕，即谯；⑤ 觐；⑥ 射；⑦ 乡，低等的官；⑧ 丧；⑨ 丧服，戴孝。

——《周礼》

《周礼》，分为六官，即六篇，是六个大官的事情：

① 天官冢宰，谈宫内的官所负责的事情；

② 地官司徒，管人民土地；

③ 春官宗伯，管礼节；

④ 夏官司马，管军事；

⑤ 秋官司寇，管司法；

⑥ 冬官司空，管工程。

《周礼》相传为周公所作。说他制礼作乐。事实上不是。这部书是战国时候的人做的。这时，快要大一统了。齐人计划统一天下后，如何统治全国的设想，在天子之下设立六个大官。每一大官下，设六十个小官，则总共有三十六十个官。

——《礼记》

《礼记》，是儒家的散文，一篇一篇的，共有四十九篇。有一部分是儒家言论，一部分是古代礼节，也有儒家想象中的古代的礼节。

现在的《大学》和《中庸》，原本是《礼记》中的两篇。

(4)《春秋经》

《春秋经》，传说是孔子做的。原来是单独一部，现在放入三传中。《春秋》是鲁国的编年史，是一年一年记下来。一年分四个时节、十二个月。依次写下来，是古代史中很有次序的史书。此书只是记载周王、诸侯、卿、大夫。卿是大夫里的最高层。过去的古史书，没有人民。《春秋》，是说的东周平王之后的事情。实际上并非孔子所作。是孔子的学生把鲁国的编年史简单地抄了一份，有些又去掉了。

《春秋》是大事记，太简单，光看《春秋》还是弄不明白，所以才有《左传》来补充。

——《左传》

《左传》，战国时期所写，是春秋时期的史料。

古代的史官，记事时分作两部分：一为大事记；二为细记。《左传》是根据史官所细记的部分，抄下晋国、楚国、齐国、鲁国、卫国五国的史料，把五个国家的史事统一起来，作为编年史。《左传》传说是左丘明所作，不知他是什么时候的人。传说他是孔子的学生，事实上并不是。因为，左丘明是孔子死了以后八十年的人。《左传》的作者和成书年代，学术界尚无定论，众说纷纭，我以为清代经今文学家的说法有一定道理。

《尚书》中史料少，《左传》中史料丰富些。《左传》中没有夏和商的篇章。作《左传》时，前述五国的春秋前期的史料，已经大多毁掉。

古史书传至今天的，《左传》的价值数第一。

——《公羊传》

《公羊传》，是战国时候，经学家公羊氏口讲的，到汉代写成文字。这部经书，没有史料，只是把《春秋经》的大意，解释了一下，说明孔子的本来意思。

——《穀梁传》

《穀梁传》，是冒牌的，汉代中叶做的书，没有价值。

(5)《孝经》

《孝经》，是汉朝最重要的书。那时，只要是读书人，想读书，就必须念《孝经》。《孝经》，是汉代读书人第一部要读的书。因汉代特别重孝。当时初进入封建社会，每人有了产业可以继承了。父传子业，子承父业，所以提倡孝。这部书的篇章最少，只有十八章。讲王、臣、大夫的孝。

(6)《论语》

《论语》是孔子讲的话。少数也有孔子的弟子讲的。

孔子的时候，没有作书的风气，到战国时候才开始有了著书风气。这部《论语》是孔子的再传弟子所记录的。其中有个曾子，即是曾参。所称“子”，就是先生。还有个有子，即有若。这二人都是孔子的弟子。从书中对曾子和有子的称呼，可以明白《论语》是孔子的再传弟子所著。这是一部战国初期所写的书。这时候，孔子的话已经辗转传说数十年了，已经不是孔子的原话，有的也不是他的原意。然而，这书仍然是孔子原话、原意最多的书。

《论语》共有二十篇。前十篇是他的再传弟子所写。后十篇是更后的人所写，大约是战国中期所写，所以，价值也就更差了。

前十篇与后十篇比起来，后十篇所以在前十篇之后，这是因为前十篇里称孔子为“夫子”，这“夫子”的意思就是老师；后来“夫子”又用来指“那一位先生”，“夫子”变为与“子”相同的尊称，这时已到了战国中期，所以后十篇出现了“夫子”这一称呼的新用法，就可以知道它的写作时间了。

这部书有价值，可表现孔子、春秋时代人的思想。

《左传》要和《论语》一同阅看。

（7）《孟子》

《孟子》共有七篇。是孟子的弟子写的，其思想和《左传》相同。《孟子》主要是记言，代表了战国时代孟子的思想。

孔子和孟子不一样。孔子尊霸，就是尊各个大诸侯。而孟子就尊王，因为孟子的时代，诸侯很少了，人们希望大一统。孔子只是尊古代的王。

到了汉代，帝王已经立起来，人人不可侵犯。孟子同这个时代的思想就又不相同。孟子曰：“君之视臣如草芥，则臣视君如寇仇。”又曰：“民为贵，社稷次之，君为轻。”这些，在孔子的思想和言论里都没有，汉代以后的思想和言论也没有。这因为，孟子时期并无真正的帝王。他所说的王，只不过是他希望中的、想象中的王。

孔子、孟子前后相距百年。

(8)《尔雅》

《尔雅》是分类的词典，如草、木、鱼等类。解释古书中的字和词，《尔雅》里有：

① 释诂——即以今天的话来说古字；

② 释言——即以今天的话互相解释；

③ 释训——解释形容词。

所以《尔雅》是训诂之学。《尔雅》，是西汉人所著，其中的今话，是汉代的话。

(9)《易经》

《易经》，讲八卦。八卦是：乾☰，乾是父，是天；坤☷，坤是母，是地；震☳，震是长子，是雷；坎☵，坎是次子，是水；艮☶，艮是少子，是山；巽☴，巽是长女，是风；离☲，离是中女，是火；兑☱，兑是少女，是金。八卦里包有一家八口。

八卦和五行说不同，八卦分成八类，五行分成五类。

从八卦里，重叠起来得出六十四卦来。六十四卦，每卦六爻，共有三百八十四爻。从这些卦爻里，可以定出哪些事能做，哪些事不可做。就有了签诀。签诀当中，有“利涉大川”这样的话，意思就是可以过河。又有“利用行师”的话，意思是可以作战，等等。

占卜可分为两种：一是卜，把龟甲用钻钻一下，再火烧，然后看上面的裂痕。二是筮，用蓍草排列开来，再看得到什么。今天用钱来排列的叫金钱课。

古人做事，都用占卜来决定。

《易经》，春秋时代就已经有了，到秦、汉时代，把《易经》放进儒学当中，尽量把哲学思想放进《易经》里，使这一经书哲学化。比方“天往不复”，“否（一个卦的名字）极泰（也是一个卦的名字）来”，都出自《易经》。又说：“一阴一阳之谓道”，等等。

（10）经书杂论

经书是四官所写的：

卜官——写《周易》，有宗教史、哲学史；

史官——写《春秋》、《左传》、《尚书》；

乐官——写诗，又写乐谱；

礼官——写礼，制度史。礼官，现在不见了。

所以经书可以代表中国古代文化史。

五经当中，《尚书》最难读。至于《孝经》、《论语》，好读易懂。

五经是战国以前的书，战国以前的书只有五经了，非常宝贵。

五经的语言，是周朝的语言。《论语》说：“子所雅言，诗书执礼，皆雅言也。”雅就是夏，雅言就是夏代的话，就是周代的贵族的话。“礼不下庶人”，那不是普通人的话，可能当时的普通人，听也听不懂。当时的雅与俗不一致。因此，那时的文字与语言是不一致的。

经：“天不变，道亦不变。”道不变的是经，实际上经书都是古代的史料。

从汉代到清朝对于经书的迷信必须打破。因为要照五经去做，是维护封建统治。

3. 说说诸子百家

中国当代另有一位老史学家名叫翁独健先生，他是顾颉刚先生的学生。他的夫人是民族学院的历史学教授，对我讲：“顾先生是我的老师。”一九八〇年，他们在听到我说正在整理顾老于一九六五年冬对我讲的中国历史，他们看了初稿之后，深刻指出：“顾老先生长期从事研究中国历史，特别是古代史的研究和教学，为中国历史科学研究作出了杰出的贡献。在他的论文和发表的专著中，提出了许多创见性的理论观点。在他的一系列的学术著作中，都有他的独到见解，即使有不同看法，甚至认为有错误，也有保留价值。”

如今，已是一九九二年，翁先生这位燕京大学解放前的教务长，解放后北京市的教育局长，年高望重的教育家、史学家，也已作古。想起他对于顾先生的学术评价，每翻开我记载顾老系统讲述的各个中国历史篇章，就难以抑制我对顾老亡灵的无限悼念和深深的缅怀之情。

现在，翻阅笔记本，已经听到顾老生前的谆谆之音，他在开讲：诸子百家。

战国诸子的著述，是战国时代的一些记录。秦统一后，为了灭除各民族的民族意识，把正式记录烧掉了，所以研究战国史，子书的材料就很珍贵了。所有的子书，都是战国思想史，也是战国史。司马迁在《史记》里所写战国史的部分，有许多错误，因为他没有掌握战国的史料。从前的人只信孔子、儒家、排除子书，一般人不读子书，没有人研究战国史，所以过去对于战国史是一片模糊。近代才对子书，对战国史进行研究。

孔子

在孔子之前，没有一人开门收徒，也无一人把贵族的书公开给平民百姓的。把五经普及于一般人，孔子是第一人。这是孔子最大的功劳。所以后人说五经是孔子编的。

孔子对政治无主张，只要维护周的制度。孔子主张安分，不想改变君君、臣臣、父父、子子的名分。他不信天命，主张敬鬼神而远之。孔子看不到时代要变了，讲古人的修养多，讲天下大事少，非常少。

这一时期，奴隶制变为封建制。人们向往封建制度好，于是大家对于将来的社会是怎样的，做了各种设想，于是才有了诸子的各种主张。

孔子以后，春秋末年，战国初年，第一个大思想家是墨子。

（1）《墨子》

墨子有明确的主张，他有十大主张：

第一，尚贤。就是尊重贤人，以为凡是做官的都是贤人，打破原来的阶级。天子是天下最贤的大贤人；诸侯是一国的大贤人。他主张打破世袭。不要父传子，而要贤传贤。这是大变革，要打翻周制。

第二，尚同。就是要组织起来。一乡，听乡长的；一国，听君的；天下人，听天子的。全国都要层层向上同。同时，各国对君主无须进贡，很宽松。

第三，兼爱。他设想诸侯相爱，兼爱各国的人，彼此就不会打仗。

墨子

第四，非攻。他以为那攻伐兼并的战争都是不义的，加以反对。

第五，明鬼。孔子不信鬼神，存而不论，这是说鬼神是存在的，不信就是。墨子不同了，要“明鬼”，证明鬼神实有，所以他信鬼神。

第六，天志。墨子信天神，以为天是最高的神，天是有意志的。

第七，非命。不要相信命运。只要做个好人，便一切自然都会好起来的。

第八，非乐。认为音乐无用，听音乐妨碍耕织，是浪费。

第九，节用。他觉得贵族太浪费了，去掉无用的浪费，财富就会增加一倍。

第十，节葬。他认为当时厚葬费用太过，是极大的浪费，提出节葬的主张。

总之，墨子想大大改变周的制度。可是当时的人，都尊古，于是墨子的主张便借托古人，说古来如此。

墨子究竟是山东人，还是河南人，不清楚。墨家的势力当时甚大。读书人非儒则墨，不属于儒家，便属于墨家。墨家有组织，孔子无组织。墨家组织的领导人是钜子。钜子是“大老”、“先生”。钜子是代代相传，就是贤人传给贤人。

墨子虽然“非攻”，却善战。在墨子的书中，战书多。他要以战争来消灭战争。墨家研究“名学”，即逻辑学，是讲说话方式的，叫做《墨经》，墨家都读。墨子，政治、军事、科学都有，高于孔子。可惜，他被人骂得狠。孟子骂墨子的“兼爱”是无父，即禽兽。

汉代，对墨子很怕，因为墨家有组织，故消灭墨家。这一来墨子的书便无人看了。到了汉代末年，道教起来了，便把墨子的书收到《道藏》当中，就是把墨子的书和道教的书并到了一起。幸而这样才把墨子的书大部分保留下来。

清朝乾隆要研究战国诸子，才从《道藏》里找出《墨子》来，才了解墨子。过去读《孟子》，以为墨子坏极了。

（2）《杨子》

杨子，名朱。他的史事已经不清楚。

杨子只管自己，不管天下大事。孟子说他“拔一毛而利天下，不为也”。孟子认为杨朱的“为我”，是“无君也”，是禽兽。杨子有见解。主张“全生保真”，不为外物所移、所累，保持超然。

他的时代处在战乱之际，对人生采取消极态度。杨子的书，没有传下来。其后出了庄子。庄子的书文学性强，传下来了。自战国至于今日，人们都喜欢读。庄子的中心思想，是发挥杨子的思想。

（3）《庄子》

庄子，庄周，宋国人，就是河南人。他做了个小官，管理园林。庄子人很聪明，文章写得好，但所说的道理难懂。

《庄子》的第一篇，《逍遥游》，说大鹏鸟那么大，同小鸟是一样的，又何必做大鹏呢？

庄子

第二篇《齐物论》，把世界万物看成一个样，无有大，无有小；无有强，无有弱。所以，不要去争什么大和小，好和坏。说是，从大处看，从高处看，全都是一般模样。从天上看，人的高一点和低一点，是不分的。

第三篇《养生主》，以为“我生也有涯，而知也无涯。以有涯随无涯，殆矣”。就是说，知识是无限的，以有限的生命去追求无限的知识，是危险的。他反对比较、反对知识、反对争，主张一个人生命很短促，不必有知识；不必争，不必胜过人家。

他的主张极端颓废。

（4）《老子》

老子，名老聃，陈国人，即河南人。

《庄子》之后，有《庄子》一书。有人说，老子在孔子之前，可能《老子》这本书在《庄子》一书以后，把《庄子》简化成五千字。《老子》一书里说“长短相形”，是比较而言的。又说“高下相倾”，高以下为基础，也是比较而言的。

可是其主导思想，是不要像墨家；也不要像孔子那样为百姓忧劳。因为“孔突不黔，墨席不温”。孔子家的烟囱黑不了，墨子的坐席温不了。说他们生活得太苦，到处跑，太为人家，不为自己。

孟子说墨子是“摩顶放踵（从头到脚跟都磨破了）利天下”。墨子是太为人家了，杨子是太为自己了。孟子所说的太为自己了，包括了老子、庄子。

老子讲政治，主张恢复到原始社会。所谓“小国，寡民”，就是国要小，人口要少。这种情况属于氏族社会。《老子》上说，“使民复结绳而用之。甘其食，美其服，安其居，乐其俗。邻国相望，鸡犬之声相闻，民至老死不相往来。”所以，看来老子应当是杨子、庄子以后的人。

道家是从杨子开始，到庄子、老子兴起来的，道家思想当时有很多人相信。

《老子》说：“不尚贤，使民不争”，反对墨子。老子的宇宙观是：“无为而治”、“无为而无不为”。

《老子》的主张：“有物混成，先天地生，寂兮寥兮，独立而不改，周行而不殆，可以为天下母。吾不知其名，字之曰道。”老子这段话的意思是这样的：“道，先于天地而生，道是物，不是精神。道是万物之母，即道是物质的。”

儒家、墨家是向外看的，道家是向内看的。

战国时候，每一家，对于古代史都有不相同的说法。各家都不是以证据说话，都是出之于对古代史的想象。儒家、墨家、道家对于古代史不同的说法，都使古史变化，改变。

《礼记·曲礼》上讲：

“毋勦说，毋雷同，必则古昔，称先王。”“毋勦说”，就是不抄袭别人；“毋雷同”，就是不同于别人；“必则古昔”，则，即效法，就以古为法则；“称先王”，称道、称颂先王。

总之意思都是独出心裁的说古代的事，称颂先王的事。所以，对于古代史事，各家各自不同。甚至于各家内部不同的人的说法也不同了。

（5）《韩非子》

《韩非子·显学》篇中有一段话：

“孔子、墨子俱道尧舜，而取舍不同，皆自谓真尧、舜。尧、舜不复生，将谁使定儒墨之诚乎！”

从这段话可以看到：儒家讲尧、舜，道家还讲神农、伏羲、黄帝。因为这些更无凭据，更可以据此以压尧、舜，从而

韩非

压倒儒家、墨家。

三家总是说以前的好，都以为一代不如一代，都是厚古薄今，越古越好：战国不如西周，西周不如夏、商，夏、商不如尧、舜，尧、舜不如黄帝，黄帝不如神农，神农不如伏羲。上述这种思想一直传下来。诸子的子书里保存了战国史。

（6）法家

法家的代表人物有：李悝（魏），吴起（楚），商鞅（秦），韩非（韩），李斯（秦）。他们都主张变法，认为儒、墨、道三家全都提倡古道，不合乎今天；应该变法，以适应于当时。法家主张要法后王，为今后定法。这和儒、墨、道三家的法先王（照着先王的古法去做）相对立。

法家的主导思想是打倒贵族，因为贵族是无功受禄。法家要使人民直接隶属于国君，不归贵族所有，所以，开创一个新时代。

李斯在他当秦相之时，最明显。秦始皇的时候，有人说周之所以延续了八百年，是因为周家大封宗族的缘故。现在你为天子，而子侄不过都是匹夫，没有被封官，有朝一日就可能发生田常式的政变。田常是齐人，曾起来夺齐的政权。

李斯极力反对这个说法。他讲道，上述说法，是读书不通的缘故。所以他们就错误地把古法当成了今法。李斯劝秦始皇烧掉了一切古书，并下令今后不准读古书。秦始皇听了李斯的话，收集了天下的古书，到项羽打进咸阳以后，就大火烧掉了全部所收集的古书。以后，只剩余下民间还遗留的一些古书。

儒家把一族之长，也作为一国之君。曰：亲亲！叫做宗法。对于这个，墨子反对，不赞成亲亲。宗法社会从周代开始。法家起来加以变革。

战国之时，法家强调各国都要富国强兵，他们讲政治、讲经济、讲军事，注重生产。商鞅为秦国变法，一是发展农业；二是作战。原先本来有士、农、工、商。商鞅不要读书人（士），也不要商人。他只要农事和战事这两件事。为了农事，他讲水利。楚、汉相争，鸿沟为界。鸿沟就是这时期所开的人工河。西门豹作邺令，开了许多水利。今天，都江堰的水利工程，是秦的李冰所开凿。

法家这批人很能干，不是书呆子，不是空谈家。

管子

（7）《管子》

法家在齐国有些不同。因为齐是工商业国家。齐的土地适宜于制盐、打铁、产丝。当时各国所穿的衣，都从齐国来。齐国女工多，纺织业很兴盛。

齐的法家也作书，叫《管子》。管子其人，是春秋时代的人，是一位大政治家。管子的主张都在《管子》一书当中。管子是齐国的法家，和秦国、楚国的法家不相同。秦是不要工商业的。齐则依靠工商。所以，《管子》讲工、农、商、兵。这时的齐国，文化也很高。

（8）阴阳家

阴阳家的代表人物是邹衍。邹衍是齐国人。此人迷信，阴阳家都有迷信。

《周礼》中，天官、地官等五行思想，在《管子》里就多。齐国的读书人相信这一些。《月令》就是阴阳家的思想。

阴阳家的主导思想，是以五行决定政治。但阴阳家从战国时代，就同儒家相混合。到了汉朝，阴阳家和儒家二者已经不可分了。阴阳家是儒家的右派；法家同儒家也合起来了，成为儒家的左派。汉代的董仲舒，是阴阳家的儒家代表。左派是荀子，名荀卿，是战国末年的人。到了汉代，儒家经学家都混合了阴阳家的思想。然而，皇帝则采用法家的思想。可是皇帝仍然提倡有阴阳家思想的儒家。阴阳家说，天子即皇帝代表着天来办事的。这是汉皇帝的愚民政策。

汉朝儒家董仲舒、刘向等人，都无有价值。

墨家，是汉皇帝所极力摧残的。因为他们有组织。墨家，到汉朝这个时候，学说不行了，组织解了体。

道家，在汉代初年很流行，这正是文帝、景帝的时候，这时提倡无为而治。贵族人人读《老子》。让人民休生养息，生活安定。

六十年以后，到了汉武帝才又打匈奴，花了许多钱。武帝末年，信神，求取长生药，出外巡视、祭祀等又花了许多钱。后来由于皇帝要钱，定出许多捐税，商人们倒了霉，完了蛋。

秦、汉二代，都重农轻商。商人不许坐车子，不许穿丝织品等等。

战国时，儒、墨、法、道是诸子中最重要的几家。

（9）名家

名家（逻辑家）是从墨家当中分出来的。偏于诡辩。如名家说“白马非马”。又如说，天下的中央在燕的北面，在楚的南面，都是诡辩之辞。

名家有言：“一尺之棰，日取其半，万世不竭。”这句话，有道理。

（10）杂家

杂家的主导思想，近乎道家。

秦代有《吕氏春秋》一书。吕不韦作秦相，政治大权全在吕氏手中。他养了许多门客，使这些门客把战国时代各家学说合起来，编成一本书，叫《吕氏春秋》，后人可从其中知道战国时的史事。到汉朝，淮南王刘安编了《淮南子》。这部书，混合了汉代初年各家的学说。上述这两部书，如同百科全书的样子。

（11）诸子杂论

秦、汉时期，各家学说趋于混合，大多混入儒家，只是墨家学说未能收进去。汉以后，儒家只读经书，不读子书。也读一点老子、庄子的书。

隋、唐就有了科考制度，但那时未曾固定化。到宋代以后推行科举，固定下来三年一考，大张科举。这以后，儒人连老子、庄子的书也不读了。

清朝中叶，乾隆时，儒人觉得只读经书不够了，这才经书、子书都读。子书于是得到校勘、注释。

清人毕沅，是当时的署陕甘总督，他请了人校勘子书。这是在《四库全书》的编纂之后。《四库全书》未能特别注意子书。有个王念孙，是高邮人，专读子书，并且细细考订。清朝末年，有俞樾、孙诒让，也读子书，考订子书。孙诒让还为《墨子》一书作了注释，叫《墨子闲诂》。现在，只有《管子》一书，尚未整理好。

清人所作子书的校勘、注释对于读经书有帮助，便于对经书和子书比较研究。这一来也就打倒了经学的权威。现今，有了甲骨文的研究，可以更好地进行比较和研究，这比清代又好多了。

例如，关于王道和霸道。过去的人说古之王道是和平的，霸道是杀气。这种说法来自宋人。现在知道，这是不对的。王道并不是和平的，这从甲骨文中可以找出来。

经书中，没有奴隶社会时的事情。现在从青铜器里，可知古王很残忍。如现存在历史博物馆的《盂鼎》上，记载周王赐给盂（一个臣子）一批奴隶："人鬲（奴隶）自驭至于庶人六百又五十又九夫"，另一批"千又五十夫"。在《小盂鼎》上又记载着：周王命盂（一臣子）伐鬼方（西北方的一个国家），一次获"嘼"（即酋长）二人，"馘"（战争中所杀的，割其耳以计数）74812人，"俘人"13081人。第二次又获"嘼"（酋长）一人，"馘"237人，俘……人。馘音国。就是割下所杀的人的耳朵，计数上报给王，这很残忍。当然，这些在经书中，全都没有。现在从金文中可以得知。

还可以举出一些例子：

《孟子》引"书"（逸书），当时的《尚书》。

"有攸不惟臣，东征，绥厥士女（安抚男女），篚（即筐）厥玄黄（黑的黄的丝织品），绍我周王见休（好），惟臣附于大邑周（服从了周）。"孟子解释道：

"其君子（贵族）实玄黄于篚以迎其君子，其小人箪（筐）食壶浆以迎其小人，救民于水火之中，取其残而已矣（去其残暴）。"（"绥"作安义解）

现在应当翻译为："攸国不服从周王，周王派兵东征，到了他国里，把他们的男女都捆了来做奴隶。把他们的丝织品抢来装在筐里，献给周王让他高兴。这攸国就服属于周朝了。"

这一段译文，是顾老亲自逐字、逐句所翻译，所手书。对于顾老的手书，我当然是一字一字照抄，不敢有错。对于顾老的全部口讲，我也是敬谨抄录，唯恐出错，或漏掉。顾老的语言，我务求保持其原貌。尽一切可能不因我的记录简疏，在还原他的原话时，整理不小心，致于失去原面目。我总要对顾先生、对读者负责任的。

以上的例子，是在研究了甲骨文以后，才可能得知的。这说明王道并不是那么慈祥的。

《孟子》："尽信《书》不如无《书》，吾于《武成》取二三策（简片）而已矣。仁人无敌于天下，以至仁伐至不仁，而何其血之流杵也！"《逸周书·世俘》（即《武成》，是《尚书》的一篇）："武王遂征四方，凡憝国九十有九国，馘磨亿（十万）有七万七百七十有九（杀十七万人），俘人三亿万有二百三十（俘了三十万人）。"这样的凶残，而孔、孟还以为古时的王都慈祥！

诸子，他们当时著书很多，可是传下的少，诸子里头别的人，还有惠施、宋钘、慎到、申不害等人。到现在已经不见他们的书。顶多只能在另一部书里见到他们的一句两句话。

有的书，在秦时没有烧光的，在《汉书·艺文志》里，还保有着他们著作的书目。可是书的本身后来又给东汉末年的董卓烧完了。因之，上述几部子书，能传到今天极不容易。

从前，大烧上古的书，共有三次：一是秦，为了政治目的；二是项羽；三是董卓。到后来，各朝各代的大小战乱，都要烧书。

4. 经书、子书以外的战国古书

经书、子书以外的战国时的古书，对于研究中国古代史很有价值的，还有一些。

(1)《竹书纪年》

《竹书纪年》，这部书本来已经失去，连司马迁也没有见过，被埋葬在梁襄王的坟里。这座坟墓埋葬了许多的书，共有几车的简。直到西晋司马炎时，为河南汲县盗墓人所发现。政府知道后，收了里面全部的简，并且请人考证。当时，书是很多的。后来这些书在五胡十六国之乱时散失了许多，但这部书并未丢失，直到唐代还有。唐朝的读书人，都喜欢读它、用它。到宋朝，迁都南渡以后，又丢失了。明朝人，又设法收集起来，但加了些自己的东西，有些不大真实。所以名《今本竹书纪年》。其中有真，也有假。清朝咸丰年间，有一位朱右曾重新编集，后来民国初年由王国维再一次重新编集，叫《古本竹书纪年》，直到今天。但是书仍甚残缺。可是对于中国古史研究用处很大。这部书的依据有三：一是传说。西周以前的事，其实全部是传说，因为没有历史的文字材料。这个部分，价值不太大。二是春秋时代的部分，因为有了《春秋》这部书，所以价值也不算大。三是战国部分，由于是当时的纪年，所以价值之大，如同《春秋》一个样。这部书，仍可以纠正司马迁所著《史记》中关于战国时期史事的错误。

（2）《穆天子传》

穆天子是指周穆王。这是一本西周的历史小说。凡是历史小说，书中的人和事都是真的。一些说的话，是假的，一般都有百分之七十的真实性。这部书，也被埋葬在梁襄王的坟墓中，后来被发现的。

《左传》上说："昔穆王欲肆其心，周行天下，将皆必车辙马迹焉。"这是说周穆王要以八骏驾车，走遍天下。西周的天下只有陕西、河南、山东、河北的一部分，主要在渭水流域，疆域不宽。到了战国时代，各个国的疆域才扩大。《穆天子传》这部小说里，说穆王向西北走去，到了西伯利亚、中亚，走了三万多里路。实际上当然靠不住。可是也可以看出战国时候的人，所具有的地理知识很多、很广，所以能写出西伯利亚、中亚这些很远的地方来。

西王母的传说，在这部历史小说里也见到。说是穆王和西王母见面，还赋诗、饮酒，好像一对情人。西王母可能是一个国家，因名字里边有个母字，故后人说成是女人。唐朝的诗人作诗，有诗写道："八骏日行三万里，穆王何事不重来？"这诗句是代替着西王母说的话。

《穆天子传》这部古小说书，到现在还有，内容全真。里边战国时候的古字很多。到西晋，人们就不认得了。

汉朝人整理古书很有成绩，但是没有，也不可能看到《竹书纪年》和《穆天子传》这两部书，因为这是西晋才发现的战国时的书。再有汉朝人看到过，一直传到今天的战国古书，有以下六部。

（3）《国语》

《国语》，左丘明作。书中分八国，讲述他们的史事：① 周；② 鲁；③ 齐；④ 晋；⑤ 郑（河南）；⑥ 楚；⑦ 吴；⑧ 越。这部书的记事方式不是编年，而是只记大事，不写年代。只说事和人的话。主要记话，记事也少。这是战国时的人所记春秋和西周时的史事。其价值和《左传》一书相等。所以，我们研究春秋时的历史，有《春秋》、《左传》、《国语》三部书。然而《国语》一书，各段都不相关联，显得零星。经过了汉人的整理，书内的古字和词，都经汉朝人改过了。

（4）《战国策》

《战国策》是战国时候的人讲述当时的事。讲述各国的事有东周（河南）；西周（河南）；秦、齐、楚、赵（山西）、魏（河南）、韩（河南）、燕、宋、卫（很小，在河南）、中山（在河北定县）共十一国。

《战国策》是纵横家所编写，作为给各国国王作参谋和所说的话。其中，也记有些史事。因为主要目的不在于记事，而在于如何使人相信他的话，所以史实材料不多。

（5）《逸周书》

《逸周书》的意思就是不是周朝的正史。这是战国人替西周所写的史。

书的内容讲文王、武王阴谋伐商。这些多半是些想象，只有很少量的根据。因是战国时人所写，所以，终究还有些可读的真东西。此书，现在正在整理。[1]

（6）《世本》

《世本》系统地记载古代历史，从远古到战国，是一代又一代的史官记下来的。包括：各国的都邑、世系（王、诸侯、大夫）以及器物的制作。这部书已经失传，现正在把它恢复起来，可是很不容易，因为所遗留下来的太少了。唐司马贞做《史记索隐》，就根据这部书。这样，可以判断《世本》是唐代以后散失的。现在有《世本八种》一书。

《史记》主要根据是：《国语》、《战国策》，特别是《世本》、《春秋》、《左传》、《尚书》。那时候，《左传》是一般人所见不到的。一屋子的简，十八万字。汉代的人知识少，就因为即使有钱，要抄书、看书也不容易。一般人家书少，只有皇家书多。

（7）《山海经》

《山海经》，战国时搞巫术的人所著。是中国地理的最古书籍，可以说是中国第一本地理书。这书分成两个部分：一

---

① 校订者按：此指沈延国的《逸周书集释》，说话时在一九六五年。

是《山经》，二是《海经》。分别说说：

①《山经》中分作五经：a.《南山经》；b.《西山经》；c.《北山经》；d.《东山经》；e.《中山经》。

从《中山经》里可以知道是讲湖南、湖北、四川。这是楚国的巫人所著。其中有关于山名、产物、鬼物，人见了鬼以后好处是什么，坏处是什么；有哪些草木可以治病。

《东山经》的东，是山东和南方的广东、福建。这个部分写得最马虎。

《中山经》、《北山经》、《西山经》，这三部分里，写的山较细。

②《海经》，又分为二，再包括八部：

甲、海内：a. 海内南经；b. 海内西经；c. 海内北经；d. 海内东经。

乙、海外：a. 海外南经；b. 海外西经；c. 海外北经；d. 海外东经。

当时，以为大地是方的，东、南、西、北都有海，山经在中，海内在山之外，海外在海内之外。《海经》也讲海，主要是讲各国。《镜花缘》是抄录《海经》中的各国，有：a. 贯胸国，说国人胸膛有个洞，b. 无肠国，c. 大人国，d. 小人国，e. 长股国，f. 一臂国，g. 女儿国，等等，共有一百多个国家。其中有些是真实的。战国之时已经有海外交通，可以到达亚洲若干个国家，已经可以到外国去了。所以，这里边就讲到印度，叫“天毒”。“天毒”应当读为天竺。此外，还讲到朝鲜；讲到倭，倭就是日本。日本是很古的国家。《海经》虽然很荒唐，但是也有不少可以读的。

这部书最有价值的，是保存了一些古代神话。儒家的书完全没有神话。

例如“精卫”这个古神话，就载在这部书里。说的是炎帝女儿名叫精卫，到了东海，自己死在那里。她恨海，就衔木石去填东海，永远地填。

又例如“夸父逐日”，说的是有一人名夸父，去追赶太阳，追不上，到了邓国，渴死了。他倒了，可是身子变化成了邓国的树林。

又如羿射日，羿是神。当时共有十个太阳，过于炎热。羿射了九个太阳下来，只余下一个太阳。①

再如：禹治洪水。说是大禹杀了许多怪物，才治好了洪水。

---

① 校订者按：此故事今本《山海经》无，见于《庄子·秋水》成玄英疏引《山海经》。

有一本书叫《中国古代神话》，专门编集《山海经》里的各个神话。

《山海经》里记下了不少古代传说的神话。儒家把神话里的若干人，改造为历史人物。如果没有《山海经》这部书，则不易认识儒家之作假。

例如：夔在神话中，只有一只脚。黄帝把他杀了，用他的皮来做鼓，很响，五百里以内可以听得到。这是神话。可是儒家变化了，孔子说舜把夔作为臣子，管音乐，管得好。舜很高兴，说道：夔这样的人，有一个足够了！这在《山海经》里，可以知道，夔是野兽，杀了做鼓很好，很响。

所以说《山海经》的价值在于：一是保存了古神话；二是反证了儒家如何把神话改变做历史。过去，人们把《山海经》看做是胡说，因之几乎失传。

十二月二十三日。近两天，室外寒风呼啸，我在温暖的顾老病房里，凝神敬聆老先生的中国上古史高论。先生面含微笑，目光和善，用其夹杂着软吴侬音的普通话，说出智慧的语言。既有古史、古事、古人；又有史书、古经；再有故事、神话、趣闻；还涉猎着古文学、古诗，旁征博引，令人喟然赞叹的独有考证。这对于我来说是一种引导我走上史坛之堂的幸运。听讲的人，只是我一个人，因此，我也有着极大责任感细细记录下来。

（8）《楚辞》

《楚辞》是一部战国时代的文学书籍。首先书中的《离骚》肯定是屈原的作品。至于书中其余的篇章，其作者就不一定了。

比方说《九歌》，是楚人祭神的时候所唱的歌。从这里可以见到宗教信仰。

第一歌，叫《东皇太一》。“东”，东方出来，“太一”是最高的意思，这是楚的上帝，是太阳神。

第二歌，《云中君》，就是云神。

第三歌，《湘君》，湘水之神。湘夫人是湘君的夫人。后人错误地以为是舜的两个妃子，一名娥皇，一名女英。说是舜到南方去了，没有归来。这两位夫人就到南方去寻他，结果死了。在洞庭湖中的君山，有舜的两个妃子的墓。后来南方人把娥皇、女英混同作为湘君、湘夫人。

战国时有个故事。宋玉有一篇《高唐赋》。高唐，阳台所在的地方。说楚怀王在阳台上做了个梦，梦见巫山的神女，而云雨之。神女说道：“我旦为行云，暮为行雨。”

《九歌》中还有：

《大司命》，是掌管寿夭的神。大司命，意思是正司命。

《少司命》，为副司命。掌管子嗣和儿童命运的神。

《河伯》，楚人祭黄河的神。因为楚国人早先本来在魏国地带（河南北部，河北南部），周公东征把楚人赶到南方。但他们仍然要祭黄河。楚人可能是夏人，是中华的正支。

《山鬼》：楚山神。

《国殇》等：楚神。

祭祀的时候，巫者去祭。男巫祭女神，女巫祭男神。那时的女巫如同妓女，去祭，是想望着神来与之交。当时，以为人与神可以交合。那时的神有性欲，如人一样也吃、也淫，不同于今日的神。

《天问》：传说屈原到楚王庙看了壁画，画的全是古史，因而问天。其中，保存了许多神话。例如，治洪水的鲧，被上帝杀了，变成黄龙，到了水里。所以后来就有了大禹同应龙共同计划治水的故事。印度以为龙是坏东西，叫它毒龙。中国的龙能在大海、在大陆、在长空活动，所以人们最崇拜它。还有一个神话，王亥，是汤的祖先，是商的一个酋长。他放牧到河北的“有易国”。国君开初对待他甚好，后来却把他杀了。王亥的儿子名叫上甲微，报父仇，把国君杀了。司马迁没有注意到商曾到达河北，所以《史记》上没有这件事。现在从甲骨文中知道王亥是商的大祖。商人曾杀了三百头牛来祭他，足见此人之了不得。楚人原来在黄河流域，所以知道其人其事。《天问》中还有些夏、商、周的故事。

《楚辞》和《山海经》有同等价值，都记下了神话。实际上，古人是相信神话的。古史的一部分，来自神话。

战国时期传到今天的八部书，而又不列入经传的，就是上面所说的这一些。

三　中国史书

我每每翻开一个蓝色大本子，就一边阅读着一页页有吸引力的文字，一边忆想着一位年高而勤奋的学者——顾颉刚老先生。我常想到这位中国学术界、史学界的著名大师，曾经怎样热烈地向我谈论过古老的中华民族，她的渊源，她的祖宗，她的文化，她的哲理。

那是在一九六五年冬末到一九六六年春初，已是“文化大革命”大霹雷的前奏——战鼓冬冬作响的时节，我因病住在北京西郊香山疗养院。起始，我常是独自一人，携了手杖穿行于山间林丛，或撷采红叶，或凭吊名人老墓。到后来，渐渐同一些病友结伴而行，行行谈谈。这里头有赵朴初同志，我向他请教过一些宗教方面的知识。还有一位美术大师，大画家吴作人同志，我向他请教过一些关于美术方面的知识。再有一位，就是顾颉刚老先生了，我向他请教的不少啊！

往往是一边走在山间小道上，一边我恭谨地请问他一些关于古老的中华民族历史的种种问题。我所问的大多是些很普通，也不太好回答的题目。如：“究竟为什么叫做中华？”“为什么称之为中国？”“什么叫西羌？什么叫东夷？什么叫南蛮、北狄？”“为什么叫华夏？”“炎黄子孙的由来。”老人极有兴致地谈论着，滔滔不绝。而话题都由小题目引申到大题目，从普通的常识，进入到较为专深的领域。

几天后，这位老人也许是看到我的求知欲火越烧越旺，因而他的谈兴也愈益高涨。于是，我俩商定，把作为体育治疗的山间散步，改为室内谈史。每天上午，我到他的病室里听讲。讲者一人，听者一人。我按我素有的习惯，用当时最好的空白笔记本，把顾老讲座的所有高论，细细记录下来。最后，记完了一个厚厚的大本子。这本子的封皮是蓝色的，可以说是一本蓝皮书。

连续谈论了二十多天之后，顾老说道：“你最好能把这个本子所记下来的，整理出来，编成一本小书！”

可是冬冬战鼓声，越来越响，终于成为隆隆大炮声。“文化大革命”把他与我都分割开来。这个蓝皮书，也被造反派的朋友们抄了去，成为“罪证”材料。从一九六六年扣到一九七二年，最后连同另几个本子一起发还给我。我见到这些笔记的字里行间被人画上不少红色笔迹，大概是被认为“这里有大问题，值得清查！”

近来，有的老同志劝我：“你最好还是整理出来，给更多的同志看看，这是值得的！”于是，我翻开它，一页页地重新抄写了一遍。

顾老的讲述，是从介绍中国史书开始的。

1.《二十四史》

一九六六年一月四日上午　顾颉刚先生谈中国史书

中国历史，有文字记载的，至今可以算出有四千二百年。即，夏，四百年；商，六百年；周，八百年；以后，累代相传，至于今天。

世界上的古老国家有：古埃及，至今有五千年历史，是世界上最古老的国家；其次是巴比伦；第三为中国；其四是印度，有三千年历史；古希腊也有三千年历史。

中国记载自己历史的书，有许许多多。首先是《二十四史》。这是正史，是国家承认的史书。

先说《二十四史》，它包括哪些史书呢？一是《史记》；二是《汉书》，实即前汉的书；三是《后汉书》，即东汉的史书；四是《三国志》，晋时人陈寿所写；五是《晋书》，唐朝房玄龄等人作的；六是《宋书》，讲南朝的宋，南梁时的沈约所著；七是《南齐书》，讲南朝的齐，梁时萧子显著；八是《梁书》，南朝的梁，唐朝姚思廉写的；九是《陈书》，南朝的陈，唐朝姚思廉写的；十是《魏书》，北朝的魏，北齐人魏收作的；十一是《北齐书》，北朝的齐，唐时人李百药所著；十二是《周书》，北朝的周，唐朝令狐德棻等人合写；十三是《隋书》，唐朝魏徵等合写；十四是《南史》，唐朝李延寿写的；十五是《北史》，唐朝李延寿写的；十六是《旧唐书》，五代时后晋人刘昫等人所写；十七是《新唐书》，宋人欧阳修等人同写；十八是《旧五代史》，宋朝薛居正等人所作；十九是《新五代史》，宋朝欧阳修作；二十是《宋史》，元朝脱脱等人所著；二十一是《辽史》，元朝脱脱等人所著；二十二是《金史》，元朝脱脱等人所著；二十三是《元史》，明朝宋濂等人合写；二十四是《明史》，清朝张廷玉等人作。

《二十四史》，是官方史书，国家正式的史书。它不包括《春秋》，也不包括《新元史》。《新元史》的成书，是因为明朝人写元史过于简单潦草，只用八个月就写完了；所以，到了清代，有位柯劭忞，就重写元代的史。北洋军阀徐世昌曾下令把这本新的元史，放进正史中，成了《二十五史》。《二十五史》是开明书店印的，其中没有《清史稿》。《清史稿》本未完成，后来也印成了书。

《二十四史》中的《旧五代史》一书，早已成为残缺不全的本子。因此人们只看欧阳修的《新五代史》一书了，所以《旧五代史》几乎失去。到了清代乾隆年间编《四库全书》时，才又把《旧五代史》编进去。

现在，毛主席命中华书局标点《二十四史》，预计到一九七〇年可以印出来。[①] 这套史书较为难读。比如，一些人名及有些地名、外国人名、少数民族的人名，不加标点，就不好读。

《二十四史》以商务印书馆的百衲本为最好，是找了现在能找到的最好最古的版本集中起来编印的。武英殿的《二十四史》，清朝乾隆时所刻，最为实用。后来，开明书店的《二十五史》，就是以殿本为底本，特铸锌版印刷的。[②]

---

① 校订者按：新标点的《二十四史》于一九七八年全部出齐。

② 在开明书店《刊行〈二十五史〉的缘起》中曾说明翻印《二十五史》“在本质方面和需要方面”“比得上米粮和布匹”。把《二十五史》缩印成不很大，也不很重的九本是为了使图书馆和个人购买、收藏方便。所以“特铸锌版印刷，把字体缩到新五号字那样大小”。这是一项很有意义的工作。

字小而清楚，翻阅、保存、携带都很方便。

《二十四史》，共有书三千二百四十九卷。[①]先后为十九家所撰写。

《二十五史》，共有书三千五百零六卷，先后为二十家所撰写。

2.《史记》

一九六六年一月四日　顾颉刚先生谈《史记》

中国的史书，在正史——《二十四史》中，各代的官家、朝廷写的多，个人写的少。司马迁做太史令的官，是管皇家藏书、祭祀和天文之事的，写出了《史记》这一史书。这是什么缘故？因为他和父亲司马谈先后都有可能看到当时皇帝的大量藏书，这是别人不易有的条件。比方说，《左传》这样的史书，那个时候只有皇家才有。

① 校订者按：如《后汉书》跟《汉书》、《魏书》一样算子卷数，应增加十卷，后面讲《后汉书》共一百三十卷，就是算子卷数的，那么《二十四史》的卷数为三千二百五十九卷，《二十五史》的卷数也应增加十卷，为三千五百一十六卷。

司马迁的父亲司马谈，生在汉朝初年。他见过许多楚、汉之际的人，问过楚汉相争以及这个时期的许多史事，就记载下来。这是司马谈的功劳。但司马谈也是一位宗教家，他官为太史令，兼管祭祀时设坛和读祭文这些迷信的事。有一年汉武帝封禅祭泰山，没有带上司马谈一同去。他一气而亡，把写通史的遗愿留给儿子。

司马迁，陕西韩城人。自二十岁就四方出游。他到江苏、浙江、湖南、江西、山东各地去游览访问。由于亲见亲闻的多，所以思想也不同于他父亲。他见到在民间生活里，经济很重要。他不迷信，做了太史令之后，只不过是敷衍而已。

在司马迁的生平活动里，极其重要的是修订历法。他认为当时通行的旧历法，看月亮不准确。在古代甲骨文中，就有闰月，有十三月、十四月的记载。足见最古老的历法中是很有问题的。他认为当时人民生活的主体——农业，必须随着太阳来定春、夏、秋、冬。这也就是地球绕太阳一周。而秦时有“颛顼历”，按照这一历法，每月月初本应见到月亮的，而实际上并没有在这个月的开始见到月亮。这个历法所定的每月的中旬即“月望”时，在天空的月亮应是圆的，但实际上已是缺的了。所以，这种秦代历法很乱。

到了汉代，司马迁的时代，他要负责改正过来。他经过努

清代上官周画司马迁像

力，改为阴阳合历，即至今还起作用的“夏历”。“夏历”经汉司马迁修改之后，至今没有大的变动。他那时还不明确知道地球绕着太阳转，但对太阳与大地的一些关系，已有不少初步认识。于是定为一年三百六十五天，分为十二个月。

所以，司马迁是科学家。

司马迁作《史记》，是把《世本》做骨干，又把其他大量史料放进去。《世本》已经把各朝代的大轮廓定下来了。他在得到他父亲司马谈所写《史记》的遗稿之后，就想把自己所见所闻的许多史实材料写进去。他用了十年工夫写成《史记》。这一史书的重要部分是汉武帝时的史实。《史记》的价值，特别在于司马谈所写的楚汉相争年间的事，和司马迁所写的汉武帝时的事。

他们父子在写史时，没有多少顾忌。如《封禅书》中，司马迁写汉武帝的迷信就很详细。又如《平准书》中，说到汉武帝为了作战而又无钱，曾如何去压榨商人。《酷吏列传》，则把武帝时的酷官，一一写出。在此之后的历代写史者，写史书都不敢直言当时的事。

《史记》的文章好，大有文学价值。史事记得好。《史记》是好书。

清代任伯年画《史记》故事图

此书共有一百二十篇，分为五部分：

①《本纪》：写帝王世系情况，及各代帝王大事。共十二篇。

②《表》：有古代帝王世系的表，以及各诸侯的表；还有汉代的王，即皇帝之子的

表；王子侯，即诸侯王子弟的表；功臣，打天下的大功臣的表。共有十篇。

③《书》：专讲制度的，共八篇。是古代政治制度史的系统记载。在这以前的记载都很零散。这八篇是：

a.《礼》。b.《乐》。c.《律》，对于此篇内容，有两种说法，一种说法认为是讲兵法，一种说法认为是讲音乐的。d.《历》。以上四篇都已失传。现有的是后人补的。由于补写者也是汉朝时人，所以有一定可靠性。e.《天官书》，写的全是天上的官，每一颗星都用人间的官名来命名。f.《封禅书》。g.《河渠书》，讲水利。h.《平准书》，讲经济。

④《世家》：同本纪一样，记载各诸侯与王的一年年、一件件大事。

⑤《列传》：记叙一个个重要历史人物。常常是在一篇之中，写许多人物。有《循吏列传》记对人有好处的官吏；有《儒林列传》；有《酷吏列传》；有《游侠列传》；有《刺客列传》，记叙以做刺客为职业的人物；有《龟策列传》，记叙占卜者们的事；有《扁鹊仓公列传》，记叙大医师们的事；最有价值的是《货殖列传》，记司马迁亲见各地经济情况，各地物产状况。还有一部分叫《四夷列传》，其中又包括有：《匈奴列传》；《东越列传》；《南越

列传》；《西南夷列传》，写贵州的；《大宛列传》，写新疆的。新疆，在汉时称大宛国。这里的马很高大。

有了上述这些列传，中国古代史就更容易更清楚了。这些列传中的记载都是司马迁所亲眼见的，亲耳听到的。

司马迁不是死读书的人，所以，他写的《史记》是不朽的。他是中国史学的奠基人。司马迁《史记》以前的史书，如《春秋》、《左传》都写得零散、不系统。

可惜的是，司马迁只写了十年。他为了李陵的事，坐过狱，受过阉刑。再以后，又做汉武帝的中书令，在宫中管文书，忙起来了，也就不能作书了。

所以，《史记》也可以说是未完稿。没有经过细修细改，有些还嫌潦草。司马迁在四十多岁时，武帝还在世，他就亡去。

《史记》写的是通史，自五帝写到汉武帝，前后三千年的史。以后的史书，《汉书》以下，都是断代史。

3.《汉书》、《后汉书》

一九六六年一月五日　顾颉刚先生谈《汉书》、《后汉书》

上午，早饭后，我按照约定，携带蓝皮笔记本，走进枫林村（香山疗养院）顾老先生病房里。我见到顾老正伏案书写，近前细观，只见他的案头放了几本资料书籍，还有一个元书纸的红格本子。红色格子是直行的，老人正用毛笔，往那中国老式本子上一行行地抄写着什么。而那些细小的毛笔字，都是蝇头小楷。[①]

顾老，年已七十多岁，养病期间，还要天天努力做学问。他在做学问时，在类集资料进行抄录时，要细细书写蝇头般的毛笔小字，到老不懈。这种精神和苦功夫，实在感人！

在《史记》之后，班彪接着司马迁继续写汉代的史。司马迁的《史记》，只写到汉武帝的时候。班彪是西汉末年的人，他想继续写《史记》以后汉朝的事，作了续史记，即《史记后传》，有六十五篇。

班彪的儿子班固继承父亲，撰写《汉书》。班固生于东汉初年，自幼受到父亲的影响，努力研究史学特别是汉史。汉明帝把班固召去命他写《汉书》。他勤奋地写了二十多年，基本

① 校订者按：这是顾先生在写他的读书笔记。

上写得差不多了，但是还没有最后完成。皇帝又要班固的妹妹班昭补写，终于最后成书。

《汉书》共有一百篇，八十余万言，一百二十卷。

这一百篇是班彪、班固、班昭一家两代共同努力写成的。是《史记》之后的著名史书。《汉书》又名《前汉书》，是我国第一部纪传体的断代史。无论在史学上、在文学上都有价值。

《汉书》同《史记》，有一部分重复，把司马迁所写的部分进行了重修，又把司马迁所没有写的补充起来，并改正和充实了司马迁的粗疏的地方。如在帝纪中增加了不少重要诏令，在传记中增加了很多政治、经济、军事方面的材料，史料价值极高。所以说，读《史记》不可不读《汉书》。

清代上官周画班固像

但班固不如司马迁聪明，他只能规规矩矩地写，无自己独到见解，只是史料更加丰富了。

《汉书》较之《史记》有发

展。班固把《史记》中的《八书》，重新组合并加以充实，写成《十志》。这是一个重要发展，是对于我国史学的重要贡献。《十志》是：

①《礼乐志》，是关于我国古代政治机构和典章制度的；

②《刑法志》，记叙我国古代政法方面的事情；

③《食货志》，记载我国自古以来的货物、经济方面的情况，这个部分比司马迁所写的经济部分要好；

④《天文志》；

⑤《律历志》，记载了许多自然和自然科学方面的事情；

⑥《五行志》，是关于古代自然变异的情况；

⑦《艺文志》，这个部分写得好，记叙我国古时各学术、学科、学派的源流，尤其重要的是记载了西汉宫廷藏书目录，从这当中知道战国以后的大量书籍的书名；

⑧《地理志》，中国自古以来直到那时，没有人写过中国疆域，班固在这里写了一百〇三个郡及各郡的户口，哪个郡有多少个县，有哪些河流，哪些山脉等等，这大有用处，很有价值，以后，再讲中国的区域地理，就好多了；

⑨《沟洫志》，《史记》有《河渠书》，班固在他的《沟洫志》里加以充实补充，详细载明黄河变迁及治理河道的办法，就中以哀帝时贾让的治河三策是古代治水的宝贵文献；

⑩《郊祀志》，古代祭祀在郊外，故称郊祀。

《汉书·十志》，最主要的贡献乃是讲经济的《食货志》，讲文化的《艺文志》和讲疆域地理的《地理志》。

这个源于《史记》的《十志》，对于唐宋史学影响较大。后来，典志著作，如《通志》、《通考》、《通典》等典章文物的专著，愈益发展。

《汉书》中还有《八表》，其中《百官公卿表》讲官制及官吏的俸禄。比如，司马迁为太史令，一年六百石米。当时的大官，一年得二千石。中级官吏，最低的是一年一二百石米。而皇帝是无限的。有“少府”的官，专门负责皇帝的一应用项。凡山与湖等非耕地的物产税收都归皇帝。那时，“大将军”为最大的官，丞相不如大将军。御史大夫是副丞相。只是到了后来，御史专管向皇帝进谏，弄些提醒、劝告之类的事。

汉史很重要。因为汉朝是中国封建社会的初期，初建封建社会的种种制度。在这以后，中国长期的封建社会，在社会制度上一直沿袭下来，变化不大。

我们再说说《后汉书》。现在的《后汉书》，是由两本书合并而成的。一本是南朝宋范晔所著的《后汉书》，是整理了十八家的“本纪”和“列传”而成此书。另一本书是晋人司马彪写的《续汉书》，此书中有《志》。后人把司马彪的《志》并入了范晔的《后汉书》。全书共一百三十卷。

毛泽东同志说过：《后汉书》写得较好，值得看看。他特别指出：书中的“李固传”、“黄琼传”很好。[①]

4. 史书续谈

一九六六年一月六日　顾颉刚先生续谈《二十四史》——《三国志》和唐朝史书八部著作

今日早饭后，我照往常那样走进顾老的病房，坐在明朗阳光照耀着的写字台旁，习惯地持笔凝神，一边听着这位老人的娓娓而谈，一边速速地作着笔记。老人谈话操着南音吴语，大概为了照顾我这个北方人的缘故，一字一句都尽量缓叙慢谈。在多数情况下，他总是等我记完一句或一段后，才继续往下说。间或我对某古人的姓名或书名，年代数字一时听不甚清，或不知某字是哪个字时，我

① 笔者注：毛泽东同志在一九六五年一次党的重要会议上，曾向全党领导干部推荐过《后汉书》。他认为“李固传”和“黄琼传”中，有些警句至今对于党的负责干部，还是很有意义的。他认为其中的“峣峣者易缺，皦皦者易污”的句子，和“阳春之曲，和者必寡。盛名之下，其实难副”这样的话，都足以令人自警、自勉。这些话，当时在党内一定范围中，普遍作了传达，也产生了影响。

就立刻请问。问清记毕，他方才说下去。比如说，当谈到南朝宋人范晔时，我问他：“哪个‘业’字？”他告诉我：“‘日’旁一个‘华’的‘晔’。”可是我平生有迅速作笔记的锻炼，所以我也能够尽量做到使他的思考与叙谈，不必由于顾及我要作记录，而受影响。

顾老兴致勃勃地谈开了。

今天，我们先谈《三国志》。这部书是晋朝的陈寿所著。因为晋朝是接受了魏的所谓“禅让”（实际上是司马氏父子们篡了魏的曹氏天下），所以到了晋代写三国之事，便提高了魏，而压低了蜀和吴。陈寿是蜀人，他就说孔明用兵，非其所长。陈寿本人是亲自经历了三国时期的。

《三国志》的价值全在这本书的注中。南北朝时，南朝宋的裴松之，集合了有关三国的大量资料，对陈寿的《三国志》作出许许多多的“注”。“注”的字数比《三国志》本身的字数多得多。很多三国时代的故事，都是注进去的。从这些“注”里，可以看出裴松之在收集三国的史料方面，是无所顾忌的。

曹操成了坏人，多是在“注”中才有的。《三国志》的作者陈寿，把曹操写为好人。三国时的《曹瞒传》，可能是吴人著作，也不曾骂曹操。

三顾茅庐
清刻本《三国志像》

后来的《三国演义》，有许多是来自《三国志》的“注”。《三国演义》可以称为史实的，约有百分之八十。只是有些说话，一些描写有虚构。至于“借东风”、“华容道”之类的故事，都是三国时期以后的民间传说。这些民间故事，有一部分具有一定的真实性，有些则是夸大。

中国的史书，《晋书》以后，大多是官修。《宋书》写南朝的宋史，是南朝梁沈约所著。《新五代史》是后来宋朝欧阳修所著，此外的史书都是官修。

中国古代，都有专门的史官。司马迁的祖先就曾是周朝的史官。史官写当代的事，然后存在国史馆。后一代的史官，再正式写成书。一般是照《史记》的体例写。写成之后，是给皇帝看的，并不发表。

同时，古时私人修史之风也很盛。在全部古代史书中，私人著作所占比例很大。隋朝，皇帝下令禁止私人修史，并建立官修史书的机构。到了唐朝，皇家更重视史书的事，专门设立“史馆”。唐太宗、唐高宗及其宰相如房玄龄、魏徵都直接参加修史。从这时以后，官修史书与宰相监修国史，成了定制。以后每一新建立的朝代，总要为前一个朝代修史。

唐太宗集中了许多文人，写唐以前的史。自《晋书》写起，到《隋书》，共有六部：

《晋书》：人说是御撰，也署了唐太宗的名，实则是房玄龄等人集体写的。唐太宗只亲自写了《王羲之传》。（记录者按：另一说是，唐太宗写了其中两个皇帝的本纪和陆机与王羲之的传。）此书为一百三十卷。

《梁书》：姚思廉继承其父姚察的遗稿写成的，五十六卷。

《陈书》：姚思廉继承其父姚察的遗稿写成的，三十六卷。

《北齐书》：李百药作，有五十卷。

《周书》：令狐德棻等人集体写成，五十卷。

《隋书》：魏徵和一些文人、史官集体合著，八十五卷。

一部史书，许多人同写，有好处，可以共同商酌。但另一方面，许多人共同写一本书，也有个坏处，就是不大统一。

唐高宗时，又编写了《五代史志》，即包括宋、齐、梁、陈、隋的史。后来，把《五代史志》并入到《隋书》的“志”中。所以，《隋书》中的“志”，并不仅是隋这一个时代的事。

《隋书》的“志”里，最有价值的是《经籍志》。这是《汉书·艺文志》的继续。要知道古代有多少书，看《汉书·艺文志》及《隋书·经籍志》便可以知道从战国到隋朝的书籍。中国自古打仗多，战争中书散失的多。现在靠着上述这两本书，能够知道古代究竟有多少书。但是，书的本身是早就不见了，只能见到书名。

《隋书·地理志》也很有价值。比方说吧，西晋灭亡前后，由于连年战乱与灾荒，黄河流域一带的人，大量南迁到长江流域一带去生活。十年之内向南方流亡的人口，就有一百多万。陕西、甘肃跑到四川、河南的十万户。关中等地外流人口，占到百分之八十。

当时，皇帝自己也把黄河流域的一些郡、县往南方搬迁。如，燕州、青州，原为北方的。可是，后来南方也有了燕州、青州。《隋书·地理志》把这种乔迁的郡、县写上了，从中可以知道这种变化。

以上，我们谈的是唐代对于史书写作，所进行的努力及其所作的贡献。这时的皇帝、宰相，唐太宗、魏徵，都亲自领导写史并亲自动笔写史。所以，《二十四史》中有八部正史著作，是唐代完成的。这八部之中，要包括李延寿独自写的《南史》和《北史》，《南史》八十卷，《北史》一百卷。

一九六六年一月七日　顾颉刚先生继续谈《二十四史》

他讲到，《唐书》和《五代史》写过两次，写得好，后晋刘昫等人作《旧唐书》，有二百卷。宋人薛居正等人写了《旧五代史》，有一百五十卷。《新唐书》是宋朝欧阳修等人集体写成，有二百二十五卷。《新五代史》也是宋代欧阳修写的，此书乃是他一人所撰，共有七十四卷。

宋朝有著名史书《资治通鉴》，为司马光等人所写。但此书不在《二十四史》中，我们暂不详谈。

到了元朝，有脱脱等人写了《宋史》，有四百九十六卷。又《辽史》也是脱脱等人所著，有一百一十六卷。脱脱等人还著了《金史》，有一百三十五卷。

上述三书，写得不好。都是元人写的，所以把知识分子压低了。这些作者，只不过是把宋国史馆、辽国史馆、金国史馆的东西，凑拢成书。也很草率，都是用一二年的时间就编成的。

《元史》是明朝的宋濂等人合著，有二百一十卷。

到了清朝，编写《明史》，从康熙至乾隆，先后写了一百年。这部史书好，是张廷玉等人先后合力编写而成。最初，由一位叫万斯同的人来写《明史》。此人生于明末，不做官，以私人资格写明代史事，所以底子打得好。此书有三百三十二卷。

以上是关于中国史书《二十四史》的种种情况，我们只能谈个大略。

清代还有不在《二十四史》之内的史书：

一是《新元史》。这是清末民初的柯劭忞所著。这部书是到民国初年才完成的。柯劭忞发现了很多元代的史料，特别是关于蒙古人一直打到欧洲，打到了俄罗斯、波兰、匈牙利等许多地方。这些事，西洋人记得多，明朝宋濂等人都不知道，所以《元史》就不能充分写出来。

清末名妓赛金花的丈夫叫洪钧，是清末状元，也是清代状元中最有学问的人，可惜他五十多岁就死了。他研究我国西北的历史地理。当时帝俄欺凌我国很严重，侵占我国土地也最大最多。清代研究这些史事，一时蔚然成风。

洪钧在出使德国时，收集到许多蒙古在西方的资料，就写了一部《元史译文证补》。这样，就为元史开辟了新篇章。

柯劭忞主要是依据洪钧的书，略加其他史料，重新写出了《新元史》，为《元史》改正了错误，进行了补充。

另外，清代历史著作而又不列入《二十四史》的，还有《清史稿》。

民国时，袁世凯命赵尔巽为清史馆长。他集合了一些翰林和学者，把清史馆的史料，加以整理编写成《清史稿》。在一九二八年，由张作霖出钱印刷出版。

此书立足于清朝，骂辛亥革命为盗，说是“盗起武昌”。所以，在民国时期，为国民党所禁止。然而，要了解清代历史，也不得不看这本书。因为一直还不曾有清代正史。

清史关系大，写好清史也难。应当用大事记来写。

《清史稿》有一百三十一卷。书中有不少反动思想，而且太粗。对于《清史稿》，台湾地区已经改编，也出版了。

另有一部史书叫《通志》，是南宋郑樵作的。他自三皇写起，直到唐朝末年。它把唐以前的断代史打通了。这本《通志》有二百卷。读它的人很少。但有价值。郑樵作此书，是私人著作，却由南宋皇帝为之刻印出版。

最后，再谈谈《资治通鉴》。此书由北宋司马光主编，帮助编撰的有刘攽、刘恕、范祖禹等。这是一部通史，共二百九十四卷，又考异、目录各三十卷，历时十九年始成。全书上起周威烈王二十三年，下至后周世宗显德六年，贯串一千三百六十二年史事。取材广泛，以政治、军事为主，略于经济、文化。书名“资治”，目的在于供封建统治者“鉴前世之兴衰，考当今之得失”，从历代治乱兴亡中，引为鉴戒。此书在我国史书中，有很高的地位，堪称古代史学之杰作，对后世史学发展影响很大。

四　杂史

一九六六年一月八日　顾颉刚先生谈杂史

今日，我们在说过了《二十四史》之后，应当接下去讲讲中国史书的另一重要部分——杂史。

正史，是少数人写的。杂史，是历代许多人写的，故杂史的书多，量大，无边无际。

杂史的形式多种多样。有的是正史的体例，有的是笔记体例，有的是诗、文体例，有的是小说等种种体例。这些都得要看。在这些著作之中，有许多史事是正史中所不曾有的。

中国的杂史，历代都不少，我们分别地概要说一说。

1. 汉朝杂史

先从汉朝的杂史著作说起，最重要的有下述一些书：

甲、《西京杂记》：在这本书里，讲了汉朝的许多故事。书的作者是谁？没有定论。有的说是刘歆，有的说是晋朝葛洪。

举例说吧，关于王昭君，在《汉书》中，并没有这个人物的故事。《汉书》只说了呼韩邪单于来朝见汉元帝，元帝赐给昭君。而《西京杂记》中讲：毛延寿给每一宫女画肖像画，就向她要钱。但是王昭君不给他钱。于是，毛延寿故意把王昭君的容貌画坏了。汉元帝见到这一画像，就不要王昭君了，过了些年，又赐给单于。说是到了分别的时候，元帝见到昭君甚美。结果把毛延寿杀了。

这个故事，到后来成了正史。不过，我想此事恐非实史。

《西京杂记》一书，在《汉魏丛书》中可以找到。此书很好读。

乙、还有一种是地方人士记地方之史的书。如四川人扬雄写的《蜀王本纪》，是关于古代的蜀国还没有被秦国灭亡以前蜀王的事。书中神话色彩甚浓，好比说子规鸟（到了半夜就鸣叫）是蜀王杜宇所变的。为什么一个王变成鸟呢？因为他与他宰相的妻子私通，其后，自己感到羞耻，遂变成鸟。

又说：古时从秦通到蜀非常难。秦王就造一石牛，要赠给蜀王，预先把金子放在石牛的屁股下面。欺骗蜀王说石牛会拉金子。蜀王很喜悦。为了要把秦王所赠的石牛搬到蜀国来，乃开辟通秦的道路。路修好了，秦王随之发兵，循着此路袭击蜀国。此说不可靠。

这本书原已散失，到了清代，才又集起来。

丙、江浙、吴越人的书，一是《越绝书》，相传是东汉初袁康作。这书保存了许多吴越史料。如说越王勾践灭掉吴国之后，就迁都到了琅玡，即山东半岛的青岛附近。这在《史记》里就没有此事。从《左传》、《孟子》上看，越国都城是迁到山东半岛了。《越绝书》又说，越国那时靠了船，使海上交通很发达，成了海上霸王。

其书还说奄城在江苏常州。过去，只知道奄城在山东，何以又是在江苏呢？《孟子》中说过，《吕氏春秋》中也说了：周公东征，把奄人赶到了江南。这一点，现在已经发现了遗迹，常州尚有三层奄人遗城古迹。

再有第二种叫《吴越春秋》，是赵晔作的。这本书小说化了，着重写了越王如何灭吴的故事。写得细。书上说西施确有其人。说是西施原先已经和范蠡私通，待到嫁给吴王之后，成功了大事，才又和范蠡私下逃去。当然西施究竟是否真有其人，也不一定。

这些书都见于《汉魏丛书》。

丁、还有些用赋的体裁写汉朝之事的。班固有《两都赋》，这两篇赋是说汉代东京的事和西京的事。

张衡，东汉人，为太史令。作《二京赋》和《南都赋》。二京，即是汉朝的东京洛阳、西京长安。南都是汉光武起事的南阳。《二京赋》写了十年。这三篇赋都载于《昭明文选》之中。

2. 六朝杂史

到了六朝时期，杂史著作，可以举出如下一些。

甲、南朝宋皇帝的本家刘义庆作的《世说新语》。

该书讲述晋朝的事很多。它把某人说了什么警句，以及一些奇人奇事，都记下了。晋朝有清谈的风气，所以奇谈的资料颇多，分作三十六类。这书虽说是南朝时的人所著，可是记了晋代的事，为唐朝唐太宗的《晋书》采用了很多。这书有单行本，容易买到。

乙、晋人常璩作的《华阳国志》。

作者是四川人。其书讲华山以南的人与事，包括了汉中、四川、云南各地的人物和事情。它主要是记人物。有单行本可买到。

丙、晋人法显和尚写的《佛国记》。

法显和尚去过印度，他的印度之行，早于唐代的玄奘，是我国第一个去印度的人。法显到印度是打陆路上去，从海路上回。从这本《佛国记》里，可以知道中国同印度之间的交通。该书很精练、简略，只有九千五百多字。里边记着他在去印度的时候，一路经过张掖、敦煌、新疆各地方，到克什米尔，过印度河，到达印度。他在返回时，是海上航行，经过斯里兰卡、印尼，再漂到广州，遇大风，到山东青岛附近的崂山登陆。

这本书是世界最早的中外长篇旅行记之一。

丁、北魏时有杨（一作阳或羊）衒之作的《洛阳伽蓝记》。

伽蓝，就是庙宇。该书内容是：经过长时间战乱以后，再看看洛阳的伽蓝（庙），还保存了多少，因此记之。

虽说是记的庙，但其中记下许多大官的事情，并及于许多政治大事。

戊、《水经注》，北魏人郦道元作的。

我国古代有一部《水经》，是关于水道的专门著述。因为它的内容过于简单，又有些错误，所以晋人就有为《水经》作注的，郦道元就是极著名的一个。

他是河北涿鹿人，是位地理学家。他读过古代许多重要的地理书籍，如《山海经》、《禹贡》、《汉书·地理志》等，都觉得不能满足。

他亲身走过很多地方，河北、江苏、安徽、山西、陕西、内蒙古等地，进行大量实际调查，用水道记各地之事。他决定以《水经》为纲领，写出一部新的综合性地理著作。《水经注》可谓历史地理，比《汉书·地理志》要好。它记下水道一千二百五十二条，比《水经》多了十倍。不仅记下川流的源头与去向等，还记下水道流域的山岳、城市、物产；甚而采录了不少民间传说、民谣、方言等可贵的史料。

郦道元注重实地考察，对于古书中汝河的源头，究竟是在哪里，他亲自去探察，结果在大盂山蒙柏谷找到了。又如古书对于山东泗水的起源，存在着不同的说法。他就自己去寻其源流，结果证明《水经》和《汉书·地理志》的记载都是错的。

昆仑山，原为虚无的，没有这个山。到了汉武帝，他指定把新疆的喀喇昆仑山叫做昆仑山。而《水经注》把此山放入喜马拉雅山里。

他又把印度的恒河的源流，说成是来自喜马拉雅山。郦道元在书中记述了不少古代印度的事，古时印度的历史常是下一代推倒上一代的史。

此外，还有些柬埔寨古时的事情。

这一地理巨著，可谓中国历史地理学的不可少的著作。从此书之中，可以画出许多地理图来。

郦道元由于是北朝北魏人，没有到过南方，所以对于北方的历史地理很有贡献，而若干有关我国南方的地理资料就有些不大准确。

此书有四十卷，佚去五卷，现今留存的约有三十万字，可谓巨著。

3. 唐朝杂史

到了唐代，就有不少杂史名著。简要说说。

甲、唐代杂史，最好的首先在唐诗中。如杜甫的诗，称为诗史。他的著名诗篇：《石壕吏》、《新婚别》、《垂老别》等，写出了唐代人民的痛苦。

又如，白居易的新乐府，都是骂唐时官家的。如像《新丰折臂翁》以及《长恨歌》等，也都有一定的历史价值。

唐永泰公主墓前室东壁壁画

乙、《蛮书》。唐人樊绰著。这书所说的“蛮”，是指的古代的彝族，有所谓“乌蛮”、“白蛮”之别，是讲述古时云南的历史。古代有“南诏国”，就是这本书里所说的“蛮国”，樊绰把那里有关少数民族的史事记下来写成书。

当代的向达已把此书整理好了，他作的《蛮书校注》已经由中华书局出版。

丙、《大唐西域记》，唐人玄奘著。

玄奘，原姓陈，河南人。自幼出家当了和尚。《西游记》中所描绘的唐僧取经的故事，都是虚构，根本不是历史。但是，唐僧玄奘到印度取经，是实有其人，实有其事。

玄奘去印度，从西安出发，出玉门关，横穿新疆，经中亚、阿富汗，到达印度的北部。

过了十八年以后，他又经由西域各地，回到了长安。唐太宗亲自听取他讲印度之行的许多见闻。

玄奘译经图

他把自己旅途中所见所闻，写成一本书叫做《大唐西域记》。这部书记载了玄奘亲自走过的一百一十个大大小小的古国，还有另外他听人说到过的二十八国的情形。包括有河西走廊、新疆，以及阿富汗、巴基斯坦、印度、孟加拉、尼泊尔、斯里兰卡等国家和地区的古时情况。记叙了有关的城市、人民、风俗、名胜、人物、传说故事等等。内容丰富，准确可靠，是研究上述地带的历史、地理的重要参考书籍。

现在，我们的佛教协会在整理校注。解放后，此书也出版过的。

《大唐西域记》还受到外国的重视，有世界性。有些国家已经翻译了，成了世界名著。

书中讲了些印度故事。这就知道了中国不少的古代故事原本来自印度，只是经中国人略略改了一下。

比方说，唐人有小说《杜子春》。说的是杜子春，是个公子，借了人家的钱，赌光花光了。再去借，再去赌。后来，他看破红尘，出了家去修道。有一回，好似在做梦，他见到一只猛虎扑来，他的心不为所动。接着又看见一个美女，要倚傍他，他的心也不为之动。又见到他自己家里亲人在他面前了，于是心里为之一动。这时，他多年修道炼的丹，一下子都烧在火里。炼丹，原是汉武帝时的事情，用来成仙、斗鬼魔的。

这个《杜子春》的故事，就来自印度。

丁、唐人笔记，是唐代杂史的重要部分。留存下来的，大多数都收在宋朝人编的《太平广记》之中。有了《太平广记》，唐人的一些小说、笔记，就都可以看到了。

宋人不止编出《太平广记》，他们编成四部大书：

一是《太平御览》，有一千卷。这是分类的百科全书。记载帝王、山川、天文、地理等。

二是《太平广记》，有五百卷。都是收集的古人的小说和笔记。

三是《册府元龟》，有一千卷。其中收了古人的史书，也分了类。多半是些正史。后代刊印的正史有了错误，而此书里收的正史，还无有错。所以，还能用来校正《二十四史》。

四是《文苑英华》，有一千卷。

以上这四部书，都很有用处。

4. 宋代杂史

宋代的杂史有许多，我们只说两部特别重要的。

甲、最有价值的是《梦溪笔谈》，为宋人沈括所作。沈括是政治家、军事家，主要的是一位大科学家。他的一生研究了军事科学，有《边州阵法》一书。他研究了物理学、数学、地理学、天文、历法、水利、地质、气象、地图学等许多方面的学问。诸种科学知识他都知道。他在各学科领域，都有很大成就。他发现了石油矿。宋人已发现陕北延长出石油。他也发现月亮本身没有光，月光是反射了太阳的光。

沈括

沈括做过地方官吏，研究科学，是以求改革。他还指挥过军队，打败敌人大军。

由于宋代统治者的腐朽，他的政治改革的宏图都失败了。到了晚年，五十八岁时，沈括闲居在江苏镇江市。他用全部精力著书立说，终于写出《梦溪笔谈》这部大著作。

这部巨著的内容十分丰富。有政治、经济、文化、科学、技术等方面。

本书共有三十卷，有六百多条目。关于科学、技术的，占三分之一。包括着：数学、天文历法、气象、地质、地理、物理、化学、生物、农业、水利、建筑、医学、药物学等。既记载了作者本人的科学成就，也写出了我国十一世纪的科学成果。读此书，就能知道宋人的科学水平。

《梦溪笔谈》在世界科学史上有很高的地位。英国科学家李约瑟，在他的学术著作《中国科学技术史》第一卷中，就赞扬《梦溪笔谈》是“中国科学史上的坐标”。

这部大作，已经由胡道静加以整理，有两种本子，分别由上海出版公司和中华书局出版。

乙、第二部重要杂史值得我们谈谈的是《松漠纪闻》。此书是南宋初期的人洪皓作的。“松漠”是指现在我国东北地区。那时，洪皓奉宋高宗之命，到当时的金国为使官。可是，被金的统治者给扣留下了，就如同苏武一般，过了十多年以后，才放他回到南宋。他把十余年在金国的所见所闻，写成《松漠纪闻》，这对于研究金史，研究东北地区古代状态，有不少难得的资料。

南宋人很喜欢做笔记，一些出使者，把笔记写成书的很多，其中以《松漠纪闻》为首。

南宋时的其他许多笔记，都存于明朝毛晋校刻的《津逮秘书》里边。书名的“津”，是指水路；“逮”字，是“及”、“到”的意思。

其他的宋人笔记，有《宋人笔记丛刊》，已由商务印书馆出版了。

5. 元代杂史

甲、元代的杂史，首推《说郛》。“郛”字，是外城的意思。这本书是元代陶宗仪（字九成）编写的。他把宋朝、元朝的很多书，都加以摘录，编作此书。由于元代的书，在连年战争中大量失去，所以《说郛》很有用。

其中有《真腊风土记》，是专记柬埔寨的。作者周达观曾到柬埔寨住过很久。有许多事情，柬埔寨人没有记载，这本书里却有。现代柬埔寨人曾按这部书中所说的一些寺院，去实地查找，结果找到了。

所以，研究亚洲的历史，必须读中国史书。

乙、《元曲选》。从这部书里可以看元代的社会风貌。该书是明代人所编。元曲有浪漫性，也有现实性。

如《西厢记》是王实甫的代表作。这是一部描写张生和崔莺莺恋爱故事的戏剧。作者歌颂了青年男女争取爱情自由，冲破封建礼教束缚的斗争精神。

元杂剧中以水浒故事为题材的，最少也有三十多部，如《李

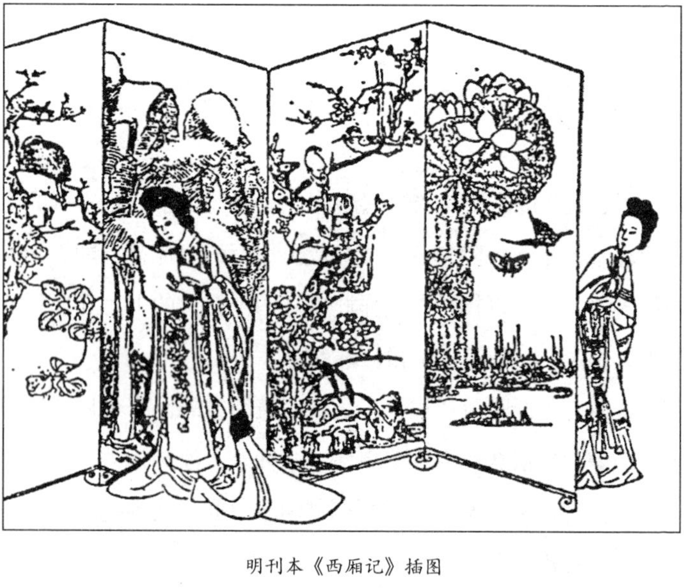

明刊本《西厢记》插图

逵负荆》等。马致远作的《汉宫秋》，写王昭君出塞的故事。

再如《窦娥冤》，是大都人关汉卿写的。他是汉人，所以借着这一剧本来写元朝社会的黑暗。剧中窦娥喊出“衙门自古向南开，就中无个不冤哉”，就是对于元朝统治者的抗议。《元曲选》可以作为杂史看。

丙、《水浒传》。元末施耐庵著。宋江这样的人物，在《宋史·侯蒙传》里有记载。宋末、元初有一本书叫《大宋宣和遗事》，记载了一些宋江的故事。自南宋起，宋江故事在民间有许多传说。到了元朝，民间以宋江为主人公的口头传说，以及说书先生们的平话和戏曲的故事，就越发多起来。

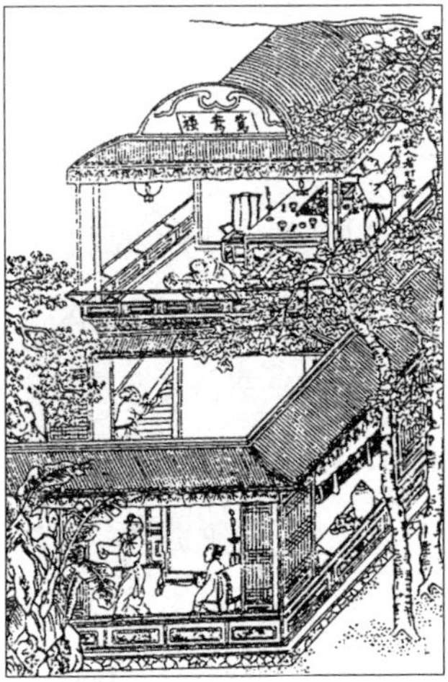

血溅鸳鸯楼

明刻本《水浒全传》插图

施耐庵拒绝做官，把大部分是元代发展流传着的宋江故事，写成了《水浒传》。此书可以作杂史读，譬如书中说到货币情况时，讲“银子少，票子多”。可见是通货膨胀。又如对于西门庆这种土豪劣绅种种恶劣形迹的描写，别的书没有，在这本书里就很多。

6. 明代杂史

到了明代，有许多书是属于杂史。

甲、《今古奇观》，来自“三言”等，“三言”即：《喻世明言》、《警世通言》、《醒世恒言》。这些白话小说的短篇集子，都是明人冯梦龙所编写。此人致力于民间文学，这种民间文学是士大夫不去注意的。他把宋代、元代、明代三个朝代民间说书人的话本与口头故事都写出来，成为小说。

“员外”这种人物和称谓，史书所不曾有，是些地主、商人、财主。从这些书的故事里，可以看到那时商业发展情况，以及其他社会风貌。

冯梦龙又注意民歌。一是“乐歌”，即有乐器配唱的歌，他有一书名《挂枝儿》。二是“山歌”，即徒歌，即没有乐曲，随口唱的歌，他又有一书名《山歌》。

乙、《金瓶梅》。明代无名氏作，可能是山东人作的。描绘男女之间的事多。但是，从这一小说当中，可以见到明代豪富们的生活是何等的腐烂。

丙、关于明末的史事有两本书：一是《荆驼逸史》；二是《明季稗史汇编》。编者谁人，不知道。著名的《扬州十日记》及《嘉定屠城记略》都在其中。后来，到清朝末年，同盟会的人，对于“扬州十日”与“嘉定三屠”又做了革命的渲染。

明刻本《金瓶梅》插图

这两本书现在都有，可以到北京图书馆去借阅。

丁、《酌中志》。明末人刘若愚作。作者与明代大宦官魏忠贤同党，魏忠贤被逮捕治罪之后，刘若愚下了狱，他在狱中写太监和明朝宫中的事。

戊、《野获编》。明人沈德符写。明朝的人喜欢记明朝的事。这样的人和书有很多。因为明朝无有那么多的文字狱。

这本书有三十卷。读了它，对于知道明朝的事情，很有好处。

7. 清朝杂史

到了清朝，因为文字狱很残酷，所以清人不敢写清代的事，这和明朝大为不同。可是也有些书能作为杂史来读。

甲、清朝初年的《梅村集》。这时还没有文字狱，能把清王及后妃的事写出来。

吴梅村即吴伟业，有《圆圆曲》长诗，记叙清人入关的事。诗中说："鼎湖当日弃人间，破敌收京下玉关。恸哭六军俱缟素，冲冠一怒为红颜。"陈圆圆是吴三桂的爱妾。吴三桂是明末镇守山海关、拒清兵于关外的大将。他一听说圆圆被李自成的部将占去，便一怒而投降了清军。反过头来，引着清兵攻取了北京。

还有一篇诗《清凉山赞佛》，说的是清朝皇帝顺治出家的事。

这些诗篇，清朝都没有禁。

乙、笔记。有满人礼亲王著的《啸亭杂录》，书中记叙了许多清朝的事。

丙、《聊斋志异》。清人蒲松龄作。作者是山东淄博人。他屡次投考不中，在科举失意之后，着意于收集民间故事，写成短篇文言小说。

起初，这部小说不敢刻印出版，许多年之后，才敢印出来。书中不少文字是揭露清朝社会黑暗的。有一篇写了"罗刹鬼国"，说这个鬼国，把一个个圆骨做成项链，用以买官。这是骂清朝的。因为清朝的官吏才戴朝珠。

丁、《红楼梦》。是一部了不起的小说，也是一部有价值的史书。曹雪芹通过对于宝玉、黛玉爱情故事的描绘，也写出了清朝一代的社会面貌。通过对于贾、史、王、薛四大家族兴衰史的描写，反映了十八世纪中国社会的衰败景象。

书里说贾、史、王、薛曾是何等豪富！

“贾不假，白玉为堂金作马。

贾宝玉
清代改琦绘《红楼梦图咏》

林黛玉
清代改琦绘《红楼梦图咏》

“阿房宫，三百里，住不下金陵一个史。

“东海缺少白玉床，龙王来请金陵王。

“丰年好大雪，珍珠如土金如铁。”

所说的这四大家族的势力多大！贾雨村这个人物，就是由于走了贾家和薛家的门子，以致几年之间，便从知府升为御史，再升吏部侍郎，再升兵部尚书、京兆府尹等。这就揭示了这一历史时期，清朝政治的腐败。

又例如，写元春入了宫，成了皇贵妃。贾家的社会地位是更加大大抬高起来。可是一个妃子要想走出宫墙，回一趟娘家，就很不自由，极不容易。要造省亲别墅，其建筑与设备达到“天上人间诸事备”的高度。还给她一条严酷的规矩：当日出来，当日归。元春从这次省亲以后，这个青年皇贵妃便死去。她已经是皇帝的妃子，尚且无有自由。

这种事在其他书里是不敢写的。所以说《红楼梦》对清朝有讽刺。有人把这部书比做清代社会的镜子。总归可以说，它揭示了十八世纪清代社会政治、经济、文化、生活习俗各方面的景况。

戊、《阅微草堂笔记》。清代大学士纪晓岚（昀）著。这人是河北献县人，是《四库全书》的“总编辑”。他把自己平日亲自见到，亲自经历过，亲自听到过的许多社会故事，写成此书。

纪晓岚，曾经犯了罪，充军到新疆。因为他有个亲戚叫卢见曾，做两淮盐运史的官，犯了法，皇帝要治他的罪，抄他的家。纪晓岚在乾隆皇帝的身旁管事，自然知道了这件事情。他就派人给卢见曾送去一个信封，内中没有片纸只字，只放了一点茶，和一点盐。卢见曾收到以后，想了想，也就明白了，这是告诉他查抄他的家产。他便迅速转移分散自家的财产。后来，皇帝知道是纪晓岚泄露的机密，就把他充军到乌鲁木齐。在充军期间，纪晓岚写成《阅微草堂笔记》。

读此书，能看到许多清代的社会情景。

己、《儒林外史》。清文人吴敬梓作的长篇小说。记叙了清代读书人的生活，他们一心想的是“书中自有黄金屋，书中自有千钟粟，书中自有颜如玉”。对于科第很是羡慕，中了举就如同天上的星。但所谓“抡才大典”的科举考试时，“也有代笔的，也有传递的，大家丢纸团，掠砖头，挤眉弄眼，无所不为”。

秀才中举，大不易。这就产生了许多社会丑陋事态。有的利欲熏心，品格卑下。范进听到中举的消息，竟然欢喜得发了疯，挨了胡屠户一记耳光，才清醒过来。从此他就“平步登天”，田产房屋、奴仆钱米、衣服杯盘都有人送上门来。他母亲高兴得痰迷心窍而死。匡超人出身于“庄农人家”，原来比较朴实，但自从听了马二先生要他走“举业”之路的引诱，以后又得到了知县的赏识，逐渐失去原来的纯朴，堕落成热衷于功名富贵的流氓无赖。他当讼棍、做枪手、放私债、造假信、骗卖妇女、冒名顶替，无所不为。

有的读书人，一旦中了举当了官，一上任就打听捞钱的诀窍。念念不忘“三年清知府，十万雪花银”。衙门里整天价响的“戥子声，算盘声，板子声”。

吴敬梓本人憎恶这些科举制度的黑暗，他不肯赴考，家里也穷，乃写《儒林外史》一书，揭示清代的科考与官场的污浊。也可以作为史料书籍来看。

庚、《板桥杂记》。清人余怀写的。采用笔记记载了秦淮河上的人家和事情。虽说写秦淮河的人与事，但并不是专记妓女，也记叙了许多嫖客。这些嫖客中有政治人物，所以就牵连到当时政治纷争。

《桃花扇》就是根据这本书的记叙而写成的。这个故事记的是明代末年的事。这书的描述，使人感到妓女比官好。

辛、清末出了些“谴责小说”。有《官场现形记》，有《文明小史》，有《孽海花》……

这些谴责小说，使人知道清朝社会腐朽之甚。

清以后，到了民国时期，有一本《新华春梦记》，是骂袁世凯的。又有一本叫《啼笑因缘》的小说，张恨水作，是骂军阀的。再后来，到抗日战争期间，张恨水又写了一部小说《八十一梦》，是骂蒋介石的。

以上所谈各朝各代，代代都有富有史料价值的书籍。这些书籍的体例有种种不同，有笔记，有回忆录，有学术著作，有诗，有赋，有小说，有剧本，有史书……还有一种“竹枝词”，每一首是四句、七言，原是宋人唱的词，后人用这一词牌，写出不同时期、不同的人和事。从中皆可以找出史料。

这些富有史料价值的各种体例的书籍，我们学历史、研究历史的，都应把它们当作历史书去查阅参考，所以都叫做杂史。

五　经学、汉学

一九六六年一月九日　顾颉刚先生谈关于整理古代史料——经学、汉学

顾颉刚先生是一位史学大师，是一位对于我国古代经书有独到见解的学者。经学对于我来说，是十分生疏和深奥的大题目。我敬谨聆听着，细细笔记着。他的讲座开始了。

我们在前天和昨天，连续地说了中国历代杂史的著作。我们要研究中国历史，还有必要整理更为古老的史书——经书。

经书，即十三经，是我国周朝及周朝以前的史。当这些古老的经书最初撰写的时候，作者当时并不知道后人对这些书要作注的。可是，自从有了孔子，自从经书同孔子发生了关系，经书便出现了如何解释，怎样理解的问题。因为，孔子要教他的弟子，就得有教科书，他就用经书作为教科书。如何讲

经？某经的文字和内容怎么样？这一问题就提出来了。

经书，在孔子以前，已经有了。《书经》是历史文件，早已有了。《诗经》，到了孔子时代，已经成书。只是这些孔子之前的古经书，到了孔子时代及他以后，发生了变异，不同了。

自从孔子起始，儒家把经书一代代传下来。一代又一代的老师们，都要讲经。对经书加以解释。加些训诂，就是要以今言注古语。在注释讲解时，都还发挥些大意，这些讲解、注

孔子

东汉授经画像砖

释、发挥，每个朝代，都各有不同。大家渐渐都是以当时的理解，当时的思想、大意，去论古，去讲论古之经书。于是经书越来越离开了自己的原貌。有些甚至连基本内容也变化了。

到了汉朝，出现了今文经学。因为这时期的中国文字有了新发展，出现了隶书，这是今字体。儒家们用新字体——隶书来书写古之经书。这么一来，就又有了脱漏之处，加进之处，以及错字等。书的面目又为之一变。这就产生了今文经学。

汉代今文经学家中，有影响、有渊源的人，往往是他们一句话就能使经书走了样子。他可以把书中的古意、原旨，变成为汉朝人自己的思想，或被说成了战国时代的人们的思想。经书就这样变了。

所以，我们研究经书，不能把他看做是孔子的思想，更不能看成是孔子之前的经书的原意。即使孔子本人的原话，也并不就是经书的原貌。

到汉朝的时候，经书改用新字体写的经书和经学，都已有了不小的变化，都已失去原来的面目，发生了很多分歧：

《诗经》，有齐、鲁、韩三家。齐是齐人辕固生；鲁是鲁人申培；韩是韩婴，燕人。这三家对于《诗经》的说法各不相同，是西汉今文诗学的开创者。

《诗经》是我国最早的诗歌总集，大部分是民间歌谣，是周初到春秋共五百多年的创作。这部书反映了这个历史时代的社会风貌，所以研究这一时期的历史，《诗经》里有宝贵史料。

《尚书》也有三家：一是欧阳生的；二是大夏侯（名胜）的；三是小夏侯（名建）的。三家的《尚书》也不一样。

《礼记》，又分了三家：一家是大戴（德）的；二家是小戴（圣）的；三家是庆氏（普）的。三家也是三个学派。

《春秋》，则有公羊（公羊是姓，名叫高，是齐人）的，称《春秋公羊传》，简称《公羊传》；还有穀梁（穀梁是姓，名叫赤，是鲁人）的《春秋穀梁传》，简称《穀梁传》。这两部书都是对春秋时代的史事加以评论，很空。

《春秋》一书，本是记鲁国之史的，从鲁隐公写到鲁哀公，二百多年的历史。这部鲁国的史书，由于也牵连到当时其他一些诸侯国的史事，所以，后人就把这一段历史时期，叫做《春秋时期》。

《周易》，则分为施（名雠）、孟（名喜）、梁丘（梁丘是姓，其人名贺）这么三家，说法各各不一。

《周易》又叫《易经》，有六十四卦的卦辞和三百八十四爻的爻辞。另一部分是《易传》，是解释经的。如《序卦》、《说卦》、《杂卦》等篇，共有十篇，都是一些注释和论述。

《易经》产生在殷末周初。由于人们对当时的许多自然现象和社会现象不好了解，就求神问卜，以解答疑问，判断吉凶。久而久之，整理出一些符号和文字出来，《周易》就是这么渐渐产生的。

《周易》不止于是占卜迷信书，它也反映了古时自然科学如天文历算的成就以及那时代的社会现象及其说明。它既有丰富的哲学思想，又有社会历史及自然科学的思想等史料。

《论语》，是孔子死了以后，由他的弟子们所编的孔子言论集。这样的书，到汉朝，也分成齐和鲁二家。

总之，汉代儒者对于经书说法不一。今文派内部，互相争论。

在西汉初年到东汉时期，凡是国定本的经书，全部是今文派的。这时候今文派有首领，叫做“博士”。“博士”，是代代世袭，父传子，子传孙。

今文派为什么他们互相间对于经书、经学的说法发生那么多的不同?

第一个原因是无意中立异。在讲解各部经书时，各家有自己的老师。教师讲解自然难免不一样；就是听者、记者，也难免弄错了。一代代的下去，错误越来越多，越来越大，这是无意中形成的分歧所发生的变异。

第二个原因是故意的分歧。因为要争着当“博士”，就故意立异。于是经书就越讲越错，而经文本身也就越来变化越多，甚至于故意把经文写错。

这就是汉朝经书的变异情况。

由于今文学派的人们，既读不通书而权势又大，以致经学混乱。结果，导致了古文学派的产生。

古文派是汉人刘歆创立的。刘歆学问好，看书多。皇帝请他到皇家图书馆（名叫天禄阁、石渠阁）去校书。

刘向和刘歆父子二人，都是校书的，官名叫做中垒校尉。刘向每校一书，就写一篇读书的要旨，讲一讲书中大意，与这书有多少种本子，每一种本子又有些什么不同之处。刘歆汇抄成《别录》一书。清代纪晓岚作《四库全书总目提要》，就是仿效刘向的。

刘歆继刘向之后，也写了《七略》，是我国第一部图书分类目录。

刘歆能见到当时所有的书，比之博士，见闻多多矣！因为汉代皇家藏书都是用古文字体书写的，刘歆就用古字体的经书来纠正今文学派的错误，因而就称作古文学派。

刘歆的目的虽是好的，可是他的手段坏。所谓目的好，是指究竟古书同今书中恰相吻合的不够多，加上有些今文学家为经书写的"传"，即注释，同古经原意不一样，所以刘歆就重新另行写"传"，以求更合乎古经的原意。这当然是好的。

刘歆的手段不好，可以举《左传》为例，《左传》是古文学家刘歆所作，而不是左丘明作的。①

---

① 校订者按：《左传》的作者和时代，众说纷纭，学术界尚无定论。在这个问题上，顾先生信从清代经今文学家的说法，到他晚年也没有改变。

《左传》，是刘歆为《春秋》这一历史经书所写的注解，所作的“传”。他为什么要写《左传》呢？因为他以为无论公羊为《春秋》所写的“传”，还是穀梁为《春秋》所写的“传”都不好，都不合乎原书。他就自己另外重作，以皇家藏书资料，另写《春秋》的“传”。汉家藏书当中，有《国语》这部书。此书过去很少有人见到，只有司马迁见到过。他说：“左丘失明，厥有国语。”

“瞽史”，应当改为“瞽、史”。“瞽”，是唱诗的，“史”是写诗的。这样，我们可以知道，其实左丘并非“瞽”，他并未失明。

因之，我们可以弄明白，左丘明是写了《国语》，但不曾写《左传》。《左传》的编写，乃是刘歆根据左丘明的《国语》来写关于《春秋》的“传”。为什么根据《国语》写？这是因为《国语》的大部分是讲“春秋时代”的事，《国语》是春秋时代的大事记。

《左传》，在汉代以前是没有这本书的。汉代以前，却有《国语》。

当然，我们现在所传下来的这部《国语》，已经不是汉以前的《国语》了。刘歆把编写《左传》所剩余的资料，并入到当时的《国语》书中，成了以后传下来的《国语》，以至于今。

所以，原来是一部书，就是《国语》。经过刘歆的手，编作两部书：一是《国语》，二是《左传》。在这两部书里，都有真史料，也都有假的史料。

刘歆要汉哀帝为《左传》立“博士”，以世世代代讲《左传》。从此，古文学家也有了博士。况且，《诗经》又有了毛公《诗经》，就是鲁人毛亨给《诗经》作传，他又传授给赵人毛苌。古文派《诗经》是与今文派不同的，自然要立博士。

又立了古文派的《尚书》的博士；又立《仪礼》，由于今文派经书，无有关于“王”的礼，而古文派经书中的礼，就有关于“王”的礼。就为了这，也立了博士。《周官》即是记载周朝的官制，也立博士，还立了《乐经》、《尔雅》等经书的博士。

这么一闹，致使今文学派大哄，大家起来说刘歆的坏话。刘歆的做法，没能成功，他被迫离开京城。

后来，王莽称帝，又请刘歆回京做大官“羲和”，专管文化，又做了国师。接着他回过头来把今文派又压下去了。他所要立的古文派经书，一一都立了博士。

可是刘歆只他一个人知道古文经书，也不易成派。他便召集了懂古文的约有一千人到京城。让他们共同校正古文经书的错误。《说文解字》这本书，便是这时在这种情况下产生的。

要是没有赤眉起义，则王莽也许不会灭亡，则刘歆可望成功。但王莽迅速亡掉了，刘歆所立的博士全部取消了。今文学家重新兴起，东汉一代的经书，便完全是今文派的经书。

古文派呢？他们在朝廷里是倒了台，在民间却又生了根。民间对于经书是自相传说，古文派的经学在民间传播开来。传给东汉人贾逵、郑兴、马融、郑玄（号康成）这班人。到清朝还很尊重郑玄。这一派人，很有学问，为民间所信仰。虽说古文学派后来不曾立博士，古文经书有些失传了，可是依靠这般人物，有些古文经书传下来，直到今天。

两汉时代，是古文派同今文派互相斗争的时期。这时的经学，就叫做汉学。

晋朝及其以后，就没有了古文派与今文派的斗争。

一九六六年一月十日　顾颉刚先生继续谈关于整理古代史料——经学，从宋学到清代的汉学

我们把古代经书的整理问题，在汉代所产生的汉学，所产生的经学的古文派和今文派的斗争情况，已经大略谈过。接着下去，要谈到唐代经学和宋代经学的发展，还要谈清代汉学。

唐朝初年，有一位叫孔颖达的，编著了《五经正义》一书。还有一位叫贾公彦，编著了《周礼注疏》和《仪礼注疏》

两部书。他们的这些著作，是混合了古文学派与今文学派的论述与论据，把两者的矛盾加以调和。

他们的所谓“注疏”，就是注了古经，又注了汉朝的“注”。所以，注得很详细。由于孔颖达和贾公彦把经义讲解得很清楚很明白，这样就在经学上实现了统一。这以后没有今文派同古文派的争执。

朱熹

到了宋朝，又发生了新情况。宋代儒家根本反对唐代的注疏，也反对汉朝的注解，以为汉、唐两代对于经书的注解全都不对，于是宋人重新再注。宋注一直流传到清朝。

宋代大儒朱熹所注的经书，有《孟子》、《论语》等，《书经》是朱熹的学生蔡沈所注。

朱熹对于古经确有创见。他眼光犀利，能把古书中的矛盾发掘出来。唐代大儒只是调和了一番。宋代朱熹看到其中的矛盾，并且自己重作注解，创立新说，成立了宋学，发生了宋学派对于汉学派的对立。

宋朝和宋以后的年代，皇家的科举制度规定着，只许可用朱熹的注去讲古经，凡八股文，必须写朱熹的说法。从此以后又坏了。

到了清朝，经学家又反抗宋学。他们用汉学来反对宋学，认为：凡是汉人的说法，一概都是对的；凡是宋人的说法，一概都是错的。

这里最主要的人物是清朝初年的毛奇龄，他的态度最是激烈。毛奇龄以为凡是朱熹的说法，一律全是错误。毛奇龄只说宋人的错误，未讲汉人的对处。在毛奇龄之后，有一位惠栋作为经学家的领袖人物之一，他们只说汉人的对处，不讲宋人的错处。他们把凡是汉人的说法，就一一收集起来。因为，这时候汉代的许多经书已经失传。他们认定，不论汉代时期的古文派也罢，抑或是今文派的也罢，一概都好，一概都对。他们广泛收集汉人的经书。于是，清代成立了汉学派。

之所以发生这种事情，有一个原因，就是清代的文字狱大兴。康熙、雍正、乾隆三朝，先后有数十起大大小小的文字狱。清代文字狱，就是挑剔文字的过错，而把文人杀头、下狱。在狱中死去的，还要戮尸枭首。儿子也得连坐处斩。

所挑剔的文字过错，有的为了注《大学》，有的因为写了《通鉴论》，有的为作《五经简咏》一书，有的因著《一柱楼诗》，有的为著《续三字经》，有的为作墓志。这些儒者先先后后有许多人为了著述，为了文字之事，遭到杀身大祸。又因株连过多，造成人人自危。

这种残酷的文字狱，使文人不敢看今史，只能读古注，造成学术界的沉寂与窒息。清代的汉学，就是在这种背景之下，才产生、形成的。

清代，有一位翰林阮元，他把乾隆、嘉庆以前的汉学家们的经说辑集，刊印成为《皇清经解》，共有一千四百卷。从这部书中可以知道清代的汉学，同时，可以了解汉朝古文学和古文学家们的种种说法。自然，这不是阮元一个人的功劳，而是清初以来一百多年间许多汉学家的功劳。这部书很可以参考阅读。

这个时候，常州学派兴了起来，有一位庄存与，他说汉学不能笼统地讲它，汉学要分古文学派和今文学派这么两派。

还有一位经学家、公羊学家，叫刘逢禄，他作了一部《左氏春秋考证》，正是他的考证，正是刘逢禄其人，第一个说《左传》并不是左丘明著作的。他提出了许多《左传》同《春秋》不相符合的地方。只是他还不知道《左传》是从《国语》产生出来的。

原来，《春秋》是从东周的史事写起的。而关于东周的史，《国语》记载已经很少。这由于左丘明只知道东周后期的历史，不晓得东周前期的史事。结果，就使得《左传》的后半部同《春秋》相符合，而其前半部则同《春秋》所记不相符合。特别是关于东周初年的鲁隐公、桓公、庄公这些时期的史实的记载，经文同“传”的说法完全不一样，各说其说，合不拢来。刘歆的《左传》，对于这些，只是向经书略作敷衍，以致发生经同传之间貌合而神离。

清代初期到中期，汉学有了发展。到清代后期，清代大儒家继续作出贡献。这一时期有突出成就的是龚自珍、魏源、王闿运、廖平、康有为、皮锡瑞等人。他们都是今文派经学家。他们极力想要把汉代今文学派再次振兴起来，以打倒汉代古文学派。他们这一派人，都有些新思想，主张变法。他们看到汉时今文学派的人们是主张改制的。

魏源

龚自珍受过刘逢禄的影响，他见“公羊学”家们的思想也有些主张变革，便借着阐述“公羊学”

的“微言大义”，来发表自己对于清代社会要进行改革的见解。

龚自珍即定庵，自幼就受到外祖父汉学家段玉裁的教育。但他以为死背“五经”、“四书”毫无用场，科举考试毫无意义。他要打破清朝的死气沉沉，他的著名诗篇写道：

> 九州生气恃风雷，万马齐喑究可哀。
> 我劝天公重抖擞，不拘一格降人才。

他运用汉学以求革新图治。

再说魏源，他和龚自珍的思想有许多相同处，早年也受到过“公羊学”的影响，读过许多清代藏书。他经过鸦片战争，在战争中感到了西方的侵略，也看到了清代皇帝的无能。他便主张变法图强，提出了“师夷长技以制夷”的主张，学习西方之所长，用以反抗西方的侵略。在政治上，主张实行选举制度。

为什么公羊家，以及受过“公羊学”影响的汉学家如龚自珍、魏源他们这些人，最富有变革的新思想呢？

因到了清朝道光年间，中国遭受到外侮，这样的时代，“公羊学”的思想是最能启发人们的改制图新。

原来，今文学家的创始人之一的庄存与，是第一个悉心研究《公羊传》的。《公羊传》不同于《左传》，《左传》以记事为主，各种史料甚多；而《公羊传》以议论为主，主要阐发孔子的议论，即所谓“春秋大义”。这里面就常常要讲“尊王攘夷”，这个古代的思想也有团结对外的意思。

《公羊传》的大义还有“三世”之说即：

①“据乱世”——“内其国而外诸夏”，就是说在春秋东周时，要重鲁国而轻四外所封的各国；

②“升平世”——“内诸夏而外夷狄”；

③“太平世”——“诸夏与夷狄为一”。

公羊说：“诸夏而夷狄也，则夷狄之。”意思是讲：如果诸夏像夷狄的所为一般样，则鲁国对待诸夏（鲁国四外各国），就像对待夷人和狄人（更远方的外国）一个样子。

公羊又说：“夷狄而诸夏也，则诸夏之。”意思是讲：倘若远方的夷人与狄人各外国的行为，如同鲁国附近各受过封的国家一样，那么鲁国就应对他们像附近各受过封的国家一样好好看待。

以上这些都是公羊家所具有的古老理论或理想。

这一类的道理，到了清代道光有了外侮之时，就有了现实感。在当时经学家们的头脑里，引起了兴趣，起了作用。

他们主张改制，借了汉人的“三世”之说，主张变法。

可见，在清朝初年，一些文人儒家为了文字狱的频繁与严酷，都钻进了古书堆里，躲起来，只讲知，不讲用。然而到了清朝的后期，就不同了，把知联系到用，借了汉代今文学家的改制思想，倡导清之变法。这个时期是据经书以论变法。

和魏源所倡言的“师夷长技以制夷”之说相连，接着又有“中学为体，西学为用”的说法。“中学为体”，所谓“体”就是根本的意思。第一个明白提出这个主张的是张之洞。他们以为中国文化在世界之上，西洋则只有坚甲利兵，所以应当用中国的礼义去教育他们，用西洋的坚甲利兵技术武装我们中国。

到了廖平，这个人很肯读书，他因为看到汉代经学家许慎所著的《五经异义》，书中讲述了今文学家和古文a学家所谈论的“礼制”不同，就根据这些作《今古学考》。在这本书里，廖平说，所谓古学，那都是周公的。因为，“周礼”传说是周公制订的。实际上，“周礼”并不是周朝的礼制，而是春秋时代人们的想象，用之于战国时代。

廖平又说：经学都是孔子的。另外，他又写了《知圣篇》，说“六经”全是孔子所著。他还根据耶稣教的经义，说孔子就是中国的耶稣。

我们知道，耶稣教的圣经不一样。它的旧教，认为耶稣就是上帝；而它的新教，就是耶稣是上帝的儿子。

廖平说孔子是中国的救世主；在孔子以前，中国没有文化著作；自有孔子，才创造文化著作。

张之洞做两广总督时，请了廖平去做幕宾。廖平见到了康有为，康有为正在那里讲学。廖平、康有为一见之下，互相很谈得来。康有为受到启发，作了两本书：

一是：《新学伪经考》，是根据廖平的《今古学考》而作。所谓“新”，是指的王莽的国号。康有为认为汉时古文学派的经书，全部是“新朝”王莽时的伪造，是“新朝”的假经，全不足信。

第二本是：《孔子改制考》，是康有为根据廖平的《知圣篇》而作。此书说，孔子之所以作六经，就是为了要改制。

这两本书，在戊戌变法时期，大有影响。因为，向来人们对于古之经书，十分尊重。康有为却给推翻了一半。孔子成了改革家。自然，康有为就是当代孔子，要改革。

一时间，当时许多大官、大儒都起来骂康有为，请光绪皇帝烧掉这两本书。光绪先后禁过两次。但是这两部书，现在又由中华书局出版了。

这两部书有一点价值，即是说古文学派的经书，有一部分是伪造的，当然不是全部伪造。刘歆的确有伪造。他的伪造，是为了托古，把自己联系上孔子的经书，以取得对他本人的信仰。

至于康有为说孔子要改革，那就根本没有此事。改制是孔子以后的事，是战国时期的事，是诸子的事。诸子中，有儒家。到战国时，儒家想改制是确乎有的。例如，孟子就是托孔以改制的。

所谓托古改制，例如讲在战国时，父母死后要守三年的丧，这在春秋时期就没有。春秋时期的守丧，只有周王死后，要有七个月服丧。诸侯死了，要守丧五个月。大夫，即负责政事的官吏，死后，要服三个月的丧。士，即无有政事责任，只有点资格，这样的人死去，要为他服一个月的丧。

康有为

战国时，重孝。所以尽量把服丧的时间放长。孟子曰："三年之丧……自天子达于庶人，三代共之。""三代"就是夏代、商代、周代，三个朝代，都是这么守丧三年的。孟子这个说法，实为谎言。

可是，当时滕文公听了孟子的话，就守了三年丧。《孟子》记载：滕“父兄百官皆不欲，曰：吾宗国、鲁先君莫之行，吾先君亦莫之行也”。就是说在滕文公以前的先人们，都不曾服过三年之丧。

孟子所主张的三年守丧，只许人们在家里哭，不许出门生产。

儒家的改制，或者是托于周公，或者是托于孔子。他们也是把这般古人当成偶像。

康有为又弄这种古时儒家的故技。他很大胆，但他把孔子说成是改革家的结果，也就在名义上提高孔子，而在实际上是降低了孔子。

清代后朝，是托古以求改革，托古以求变法；是根据古经学以陈说自己的新思想，主张变法维新的新思想。

再后来，到了清朝末年，重又发生了今文学派与古文学派的争论。

清末，有一位俞樾，他是混合了汉学与宋学的，这本来是对的。因为，汉学也好，宋学也好，都有其对的和不对的部分。但俞樾的学生之中，有的专信古文派的，例如章炳麟；另有的就专门崇信今文派的，例如崔适。这就又分出了两派。

章炳麟，号太炎，当时属于进步的，要革命的，他和康有为的保皇思想相对立。可是在做学问上，章太炎是保守的，而康有为是进步的。那时人们见他们二人互相责骂，却不知谁何。

这时候，经学家钱玄同见到了章太炎和康有为的文章，认为章太炎的古文派攻击康有为的今文派是正确的。因为今文派有的是说谎。另一方面，钱玄同认为今文派对古文派的攻击也很有理，因为古文派有造伪经的事。钱玄同以为应当取古文派和今文派之长，而去掉两派之所短。

今文学派和古文学派，以及汉学与宋学，今日看来，都有其可取的方面，也都有其应当排斥的部分。

清代末年只有古文派与今文派之争，清代初年才有汉学与宋学之争，随着清朝的灭亡，今文派与古文派之争亦亡。

我们在前边曾说过，清代后期的经学家，比如说龚自珍（定庵）、魏源，直到廖平、康有为是据经书以论变法，托古以改制，托孔以改制，主张维新用经书作依据。到了他们之后，出现了不读经书，而只讲变法维新的。

到了民国时期，一般是不读经书了，只有少数人才读经书。在这个时期中，还研究经书的，有位蒙文通，是廖平的学生。另有一位研究经书的学者是钱玄同，是俞樾的学生的学生。因俞樾有两位经学大弟子，一为崔适，是讲今文学的；二是章炳麟，是崇尚古文学的。可是钱玄同向崔、章二人都学过，所以钱玄同对于古文学派和今文学派都知道。

钱玄同搞的是汉学，即汉朝对于古代经书之研究。由于发生了古文与今文两派，把经学弄乱了。到底何者是正确的？清人研究了二百年，钱玄同又接着干。他见到我以后，想以我来代替他完成这一研究，于是把许多汉学的大问题，同我谈说。

钱玄同因患高血压，在五十多岁时得了中风症而逝去。他是当代科学家钱三强的父亲。

中华人民共和国成立后，还在研究经学的人，总共不过二十人。现在尚有上海复旦大学的周予同及我（顾颉刚）等，也都是六十以上的人了。

现在关于经学的新著作，只有《诗经新义》、《左传选》、《尚书》的翻译，其他就没有了。

经学自汉、晋、唐、宋、元、明以至于清朝，不断地有所发展。这对于古代经书的解释，亦即古代史书所记史料的整理，很有意义。

顾颉刚老人又讲了一点有关的辞语概念。他说："国学"一词乃是中国古时各种文、史、哲的学问之总称，而"汉学"一词只是汉朝人关于经学的学问。

六　清代古学整理、考据学

一九六六年一月十一日　顾颉刚先生讲清代古学整理，关于考据学

清代皇帝不许清代人讲谈清代事。尤其是清代初期，清人刚入关后几代皇帝屡次兴起文字狱，对待文人采取严酷政策，使得一般文人学士不敢抒发自己意见，不敢议论时政。即使是诗文中有一字一句的不妥，也有遭到杀身灭族惨祸的可能。例如，凡说到蛮夷，都不准许；说到古之蛮夷，也得换换字，“夷”字要改为“彝”。

一般儒家学者，便不敢多论微言大义，特别怕联系当时现实的义理、经济的研究讨论，改变为把自己的时间和精力用在对于古代典籍的寻章摘句上，以求逃避现实。

于是考据学因此发生。

考据是研究古书的方法，即是以此书对校彼书，而把这一本书和那一本书的矛盾之所在找出来，加以查考。这是整理古代史学、史料的方法。清代人们擅长用考据方法以读古书。

考据作为治学的一种方法，各代都有。但是，到了清代，特别是乾隆当皇帝的时候，大力提倡经学的考据。对于古经古典的考据使清皇朝感到放心，他们感到文人们坠入到故纸堆里，对于他们较为安全。在朝廷的鼓励下，一些达官贵人如阮元、毕沅等，就出来倡导经学的考据学。于是考据学大为盛行。乾隆时，翰林钱大昕就著有《二十二史考异》一书。

顾炎武

最早的考据学的书籍是清初顾炎武的《日知录》。顾炎武的治学方法，的确可以说是清代考据学的先河，他每到一个地方或见到一块古碑，或见到一处古迹，他都要考据一番。所以说是“读万卷书，走万里路”。只是一味地关在屋子里读书还是不行。

乾隆、嘉庆年间的许多学者，是把自己的学术研究全部都从事考据。他们在学问和考据之间画个等号，以为研究即考据，学问即考据，考据以外并无学问。

中国古书很多，真是浩如烟海。经过几千年的代代传抄，便有了不少错误、漏失、混乱的地方。有的古籍简直已经没法子读下去，考据家们用十分精密细致的校勘方法，几乎对于所有重要的古经古籍，都进行了详细的考订，使后人读起来省却了许多精力。有些已经变得难读通的古老典籍，也变得比较容易读得通。这总得说是考据家们的功绩。

有一位叫徐松的，是道光时人。他因事获罪，被皇帝充军到新疆。他看见古书中所记载的水道，和他一路亲见亲闻的实际状况多有不合之处，就写了一部《西域水道记》的书。

清代先后有考据方面的著作，达数百部之多。

以上所谈都是关于对于古书的考据。

下面再谈对于古器物的考据。

对古代器物的考据，自宋朝开始，而其盛行则是清代乾隆朝。乾隆皇帝收集的古代器物很多。

乾隆时编了一部《西清古鉴》。“西清”是皇宫里的一个殿的名字。在这本书中，把许多古代器物一一画出来，上面的文字一一细描出来。这对于考据古史大有用场。

对于古器物的考据，一开初也只是考释这些古器物上的文字。

这一风气，在皇帝倡导影响之下，就传及于大官、巨富和大儒之家。风气极盛。这样，后来就有了描摹古字的风，叫做“彝器款识”（识，音著）之风。“彝器”，指青铜器中钟鼎一类的礼器。

到了近百年，考据学已不是重在考释古字，而是偏重在考据古物。

接下去，我们要说考据学的另一个方面。就是对古代文字的考释。

古代文字都是象形。古埃及文字，也是一样，是象形字。后来，中国文字既有象形，又有声。例如，我所姓的这个“顧”字，“雇”为声；“頁”为头，是形。你所姓的这个“何”字，“人”为形，“可”为声。

中国文字的书写，在古代，在后来，到今天，变化很多、很大。

清朝人注释《说文解字》的很多，这就是要研究东汉时代的小篆，知道了小篆字体，便能认得大篆，从而容易认识古钟鼎文。

清朝末年，有一位大学者叫吴大澂。他是中、日甲午之战

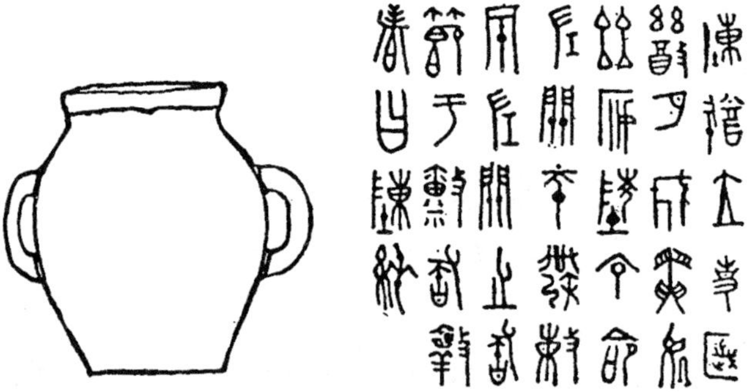

战国陈纯釜及铭文

中的败将，做过湖南巡抚。他对于钟鼎文很有研究，著有《字说》，把古文古字的原理，剔出了一些来。又著有《说文古籀补》（籀，读宙）。

原先的古文古字有三种：一是小篆；二是古文；三是籀文。因为，汉代有一本书叫《史籀篇》，是用大篆书写的，所以叫做籀文。

吴大澂虽然是清人，但他收集到的古文家的资料多，比之于汉朝人的资料还多些。所以，他就可以用手头的资料来校勘汉代的《史籀篇》。这样，有了《说文古籀补》一书，钟鼎文也就系统化了。能识得钟鼎文，便能弄清古钟鼎古铜器上所记载的周代前后时期古史古事。

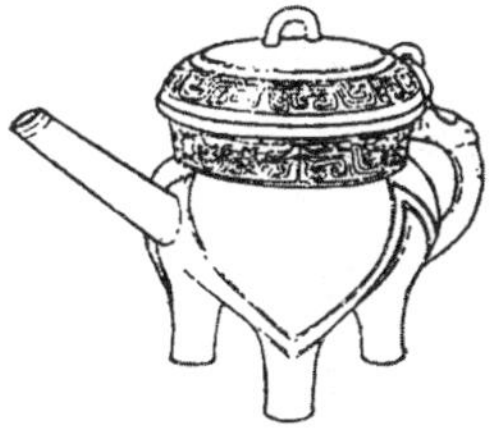

卫盉

卫盉铭文

说考释古文古字，我们要专门讲一下对于甲骨文的考释和研究。

在六十年前（记录者按：这是六十年代的话），中国发现了殷墟的甲骨文。

什么叫“殷墟”？“殷”是个地方，在河南省安阳市的西北郊。这地方在殷商之季曾长期作为京都。商朝被周武王打败灭掉之后，这地方就没有多大用处，时间长了，渐渐由荒芜到变成一片废墟，慢慢地被埋到地下，以后人们称它为“殷墟”。

何谓“甲骨文”？甲，是乌龟的甲壳；骨，是牛的肩胛骨或其他大型动物的大骨。殷人在这些甲和骨上用刀刻上古文字，有的用笔写一下，再用刀子刻下来。

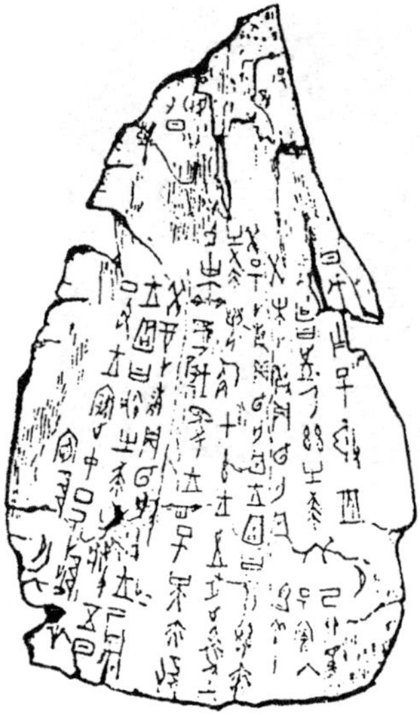

甲骨文

商王每做一事，都要先占卜。怎么占卜？是先把一些龟甲和牛骨整治一下，刮薄弄平，再钻个圆窝。然后用火烧烤，甲与骨经火一烧，便出现裂纹，这叫卜兆。商王根据这些裂纹、卜兆来判断吉凶，以便决定某事可否去做。这些裂纹常常是“丫”、“卜”。

商王的管占卜的官，就把这些卜兆问疑的结果，刻在甲骨上。它很不易毁坏，经过三千多年，还能保留下来。

甲骨文除了一些卜辞之外，还有的是其他记事的文字。

甲骨文已经是有着严密结构和有一定规矩的字体。它除了象形字以外，还有些假借字。甲骨文还不是最初最早的古文字，但这是我国目前所发现并已有系统研究的最古文字。

关于商的正史、周的正史典册，都已经失去，没有留存。因为那时是写在竹简上，而竹简易于腐烂。

自从有了甲骨文，商代的史事，就有了文字依据。

甲骨文怎么发现的呢？

其实，在历代本草纲目一类的药书上，就有“龙骨”，也说过龙骨上有字，但早先不了解。

到清朝末年，我国的古文字学，有了长足进步。到吴大澂时，他还未见到这种甲骨文，也未曾研究过。

有一位山东人叫王懿荣，在北京当官，病了服中药，他见到药里有“龙骨”，上有文字，认得一点，于是开始去四处收集龙骨，得到了大量甲骨文。[①]

八国联军攻入北京，王懿荣自杀而亡。他所遗下的大量甲骨，先是归到著作《老残游记》的刘鹗那里，他著《铁云藏龟》，为第一部甲骨书。后来有一部分甲骨又为末代皇帝溥仪的尚书房行走——罗振玉所得。

清朝覆亡了，罗振玉跑到日本。他在那里把甲骨文印出来了。因此，世界轰动。他又派自己的亲属去安阳找过甲骨文。

商代在这里——安阳的殷墟，曾建都二百多年。所以商的占卦、问卜、记事的甲骨文，多出在这里。

由于商王很迷信，凡要行事，都要先祭神占卜来作出决

---

① 校订者按：有人认为是传闻，不可信。因为北京的中药店按中医药方拣出的龙骨，都是捣碎后包装的，从捣碎的龙骨上不会发现甲骨文。

定。办理祭神和占卦、问卜的人，设有专职的官，就是史官。官虽不大，权力不小，能代神鬼说话。同时，史官掌握刀与笔以刻写甲骨卜辞。

甲骨文有一定的格式，多是这样子：某某日卜，某史官问，要做某事，是吉？是不吉？某月。

甲骨文的内容，大概有三方面：一是记载祭祖的事；二是为了征伐的事；三是商王出行的事。其他，还有商王疾病、出猎、生子……故从甲骨文中，知道商王的事甚多。

甲骨文至今已经收集到二十万片（记录者按：一说是十多万片）。最初是私人发掘，后来政府去发掘，有许多还没有印出来，科学院准备全部都要印出来。①

对于甲骨文的研究，已经进行了六十多年。（按：这是一九六六年的话）开始，只是要认识这些字。后来有个王国维，是清末皇帝溥仪的南书房行走，对甲骨文做了许多研究，从而对于商的历史弄清了很多。有些《史记》里所记的商代帝王、商代地理状况、商的制度……他又重新研究一遍，进一步搞明白了。

研究甲骨文，在我国历史科学和古文字学中，是一项新的

① 校订者按：现在已编成《甲骨文合集》，由中华书局出版。

学科，叫甲骨学。

近四十年来，甲骨文的研究，又有了很多进步。甲骨文约有近五千字，在王国维时，只识得八百多字，现在已经能认识两千字左右，有些字，不大固定，要猜才成。有些字，只懂得意思，不知读音。有些字，猜也猜不出。

现代的甲骨文的研究者，有郭沫若；于省吾，在吉林大学；商承祚，在中山大学；唐兰，在故宫博物院，为副院长。[①]

考释古文字，包括考甲骨文和考钟鼎文。六十年来，钟鼎文的发现越发多了。最大的铜器是从商墓中出土的司母戊鼎。所谓“司”就是祭的意思，“戊”乃是人的名字。商代人常常用他自己的生日来命名。所以才有“戊”这样的人名。

这件商代大鼎，重有一千七百斤。大鼎里可以住下一只牛。

商代、周朝，最初铸造各种钟和鼎的铜器，是为了祭祀的时候，作为礼器。以后逐渐多了起来，就制成了一些日用器皿；还有专供欣赏的“弄器”。

这些钟、鼎铜器上，不仅有精美的花纹图画，还有一些文字。这就是“铭文”或叫“金文”。这些钟和鼎上的铭文，有

---

① 校订者按：这里所举的甲骨文研究者，仅限于顾先生同辈的学者，不包括他后一辈的学者。

的只有几个字，有的几十字，有的几百字。有的铭字是书写当时的历史。

所以，历代留传下的铜器和以后从商、周遗址古墓出土的铜器，它们上面所有的金文，就成了研究商代、周代社会历史的宝贵资料。在解放前，大量的铜器都被外国人弄走。我们只能见到个名字。例如，美国所存放的中国古物、铜器就很多。

有寿春（今寿县）楚器。寿春这地方，在安徽，原是战国时代的蔡国的地方，后来成了楚地。这里发现的楚物多，特别是解放后出土很多。其中既有蔡国的，也有不少楚国的。

研究古史，考释古铜器钟、鼎文字很重要。竹简则又是一

史墙盘内有铭文

司母戊鼎

种古史资料，不能忽视。

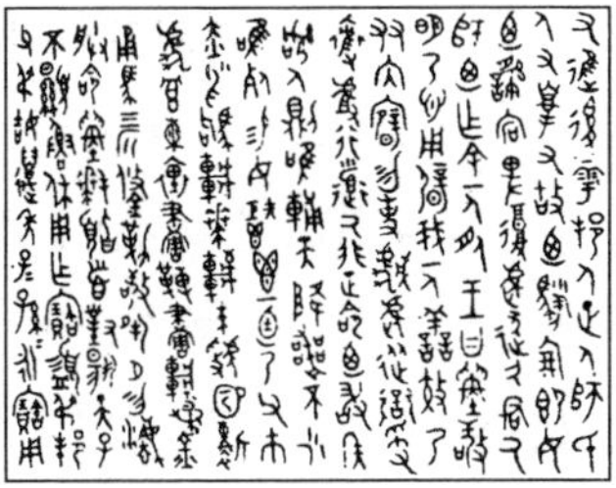

𡐓盨铭文

竹简，有长沙楚墓的竹简。在竹片上，写了不少战国时的事。这座楚墓，是在抗日战争期间出土的。由于墓好，不通空气，所以竹简没腐烂。这些古竹简，一出土就得赶紧放在药水里，这样才能不烂，才能保存。

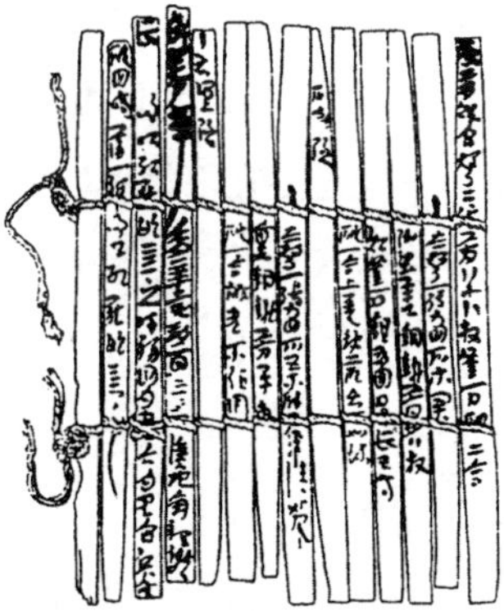

汉兵器簿编简

汉简，就是汉代的木简和竹简。汉代人主要是用简来书写文字。这些年来，考古工作者发掘出大量汉简。

武威汉简是一九五九年在甘肃武威出土的。已经整理出来的是手抄的《仪礼》，是西汉时所抄写的，是一部专讲礼节仪式的儒家经典。这对于研究汉代经学有价值。

又有居延汉简（居延在甘肃），是一九三〇年在汉代烽燧遗址发现的。在这批大量木简（少量是竹简）中，有许多书信、杂记和经籍。这批汉简所提供的资料，对研究汉朝的政治制度、土地制度、军事组织、边塞设施等方面，有重大价值。

多年来，各地发掘出许多汉简，对于研究汉代和汉代以前的历史，是不可少的第一手资料。自然应当重视，应当加以考据研究。

关于整理古史，要考据许多方面的古书。对于古书的考据与研究，有其特殊意义。我们现在说一点儿关于敦煌石窟中所藏古书的情况。

敦煌，在我国甘肃省的最西边。“敦，大也；煌，盛也。”这地方在汉代曾是交通要道上的繁盛之地。

在晋代，开始由和尚乐尊，在敦煌城东南的山脚下，招募了一些人，开凿石窟。先后一千年，到隋、唐达到高峰。所开的洞有一千多，所以也叫千佛洞。这些洞里大多是佛教的神与人的塑像和壁画。

可是，在敦煌的洞窟里藏有大量古书。著名的是“藏经洞”，这里头藏有从晋朝到唐朝、到宋朝，先后十个朝代的大量佛经。还有各种文字的古书。有小说，有户籍，有契约，有词曲等。

这里所藏的古书，都是卷子，数量不少，有三万卷之多。北宋时代，这一带有兵灾、战乱，所以把这些古书放进山洞。

这个“藏经洞”外面是墙壁封起来的，壁上有画，后人不知壁画的里头是个大书库。

清代光绪二十六年（一九〇〇年），洞窟塌了，才知道内里有藏书。当地人不懂，有个道士叫王圆箓发现了，以为是仙人传下来的。每有病人，就把这些古书烧成灰，当作仙药，喝到肚中，治病。

敦煌石窟佛像

后来，有个英国考古队，从新疆到了甘肃。该队领队斯坦因，为匈牙利人。他听到了这件事，赶到了这里，骗哄道士，并且用五百两银子贿赂他。这个斯坦因就从这里盗去大量古书，其中包括经、史、子、集很多书籍。当然，佛经最多。这些古代书籍中，还包括有吐火罗文字写的书，一种新疆古代文字。还有“火祆教”的经书，火祆教是古波斯人的教。我国明朝的明教，原本来自波斯的火祆教。书库里还有道教的经书。有民歌。有隋朝的刻版书，是我国最早的刻版书。现今，国内只有宋朝的刻本。大书洞中，还有最早的拓本书籍，唐代拓的古书。例如欧阳询的《代度寺碑》拓本。欧阳询，是唐太宗时代的著名书法家。

斯坦因并不懂中文。他选走了一大部分，送到英国。

以后，法国也知道了。法国驻北京使馆的武官叫伯希和的，他懂中文。他到敦煌来选书，选走中国所久已失传的古籍。他是个有名的汉学家，把古书中的一些精华拿走了。

这时，消息才传到北京。清朝宫廷命令甘肃的官员把书运到北京来。这时尚有八千卷。却又因贪污成风，一路上偷了许多，就不到八千卷了。于是，官吏把所剩余的书，一分为二，一卷分做二卷，到了北京还是八千卷之数。这些书选是放在学部。这时，学部尚书又私自去选其精者，后来卖给日本人。最后，才归到北京图书馆。抗战前，又被国民党送到美国去。这些全都是国耻。

以上所谈，是关于清代的古史整理，关于考据古经书、古文字、古器物、古书、敦煌书库的一些简略情形。

七　史料学与考古学的结合

一九六六年一月十二日　顾颉刚先生谈史料学与考古学的结合

清朝前期重视整理古经古书，清朝后期则重视整理古器古物，逐渐地把史料学同考古学结合起来了。

乾隆时期，有一个人叫程瑶田，著有《通艺录》，专讲用实物以整理史料。自此开始了史料学同考古学相结合的新阶段。为了考察古物，程瑶田曾经先后四次去全国各地的农村和各处存有古物的巨家，进行访问考察。接着他的，有吴大澂继续这样努力。

关于如何把史料学同考古学结合进行，我们分别说说。

第一，玉器。玉器在我国古代很通行，这实际上是石器时代的遗留。

春秋时黄玉玦

商代、周朝的人们，流行着用玉作为装饰品及礼节用品，身上挂的都是些玉。见了人，赠送的礼品也是玉。帝王任命官吏，没有印，就用玉当作信物。诸侯去朝见天子，也是带一块玉来，天子再用另一块玉，对照一下，就承认下来。还有，人死之后，口中含上玉，再葬埋。因此，就要大量的玉。要这么多玉，从哪里来？中原地区产玉不多，西北的和阗这个地方产玉多些。所以，从这里也可以知道中原地区同西北地区之间的往来交通很早。

到了清代，吴大澂著有《古玉图考》一书。他把古玉器的考据研究同古代历史的研究联系起来。在这本书中，画出了各种各样的古代玉器。《周礼》中，记载了天子的各种玉器都是什么尺寸，多么长短；也记载了诸侯及其以下各级官吏的玉器的尺寸、长短。吴氏按照《周礼》书中所记的这些玉器的尺码大小，自己把当时所看到的古玉量一量，比一比。他考出周朝的一尺，只等于清朝时一尺的六寸。大体上是古代的一尺，同现代的半尺差不多少。

吴大澂又著《权衡度量实验考》。过去说，古代一个人耕种一百亩地。吴在这本书中，根据考据，知道古代的一百亩，等于后来的三十亩。

第二，印。古代帝王所用的印，叫做玺。清朝人大量收集古玺、古印。山东潍县有个陈介祺，在咸丰年间，同吴大澂是朋友。他是个进士，但不做官，只收集各种古代器物。所以影响了潍县这地方不少人故意制造假的古物，一直到后来还有这种风气。

陈介祺收集的古印很多，又收藏了许多古代铜器，著有《十钟山房印举》一书。所谓“十钟山房”，就是表明自家收藏了十个古钟。陈氏常和吴大澂通信，商讨古器物、古印同古史的一些问题。

在《十钟山房印举》这本书里，论述了战国时代到汉代的各种的印。他所列举的印中，官名甚多，可以考见古代的种种

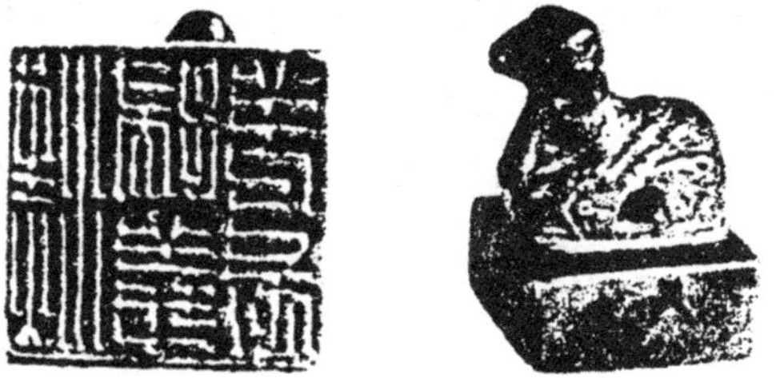

西汉墓出土汉归义羌长印

汉将兵都尉司马印和别部司马印

官职。

第三，封泥。又发现了许多“印泥”。周代以至汉代，人们写信，是写在木板上。司马迁写一信，要用许多板子。那时，在写好的信上，再加盖一个木板，然后再用绳子四方捆缚起来，打个绳结。结上放一点黏土作成的泥块，泥上再盖上一印，以防别人私自打开来阅看。这就叫做封泥。

古人每一封信，都有一个印泥。古印都是阴文，是凹下去的字，一经盖到泥上，就成了阳文，凸起的字。

山东人吴式芬，著有《封泥考略》。作者得到了许许多多的古印印泥，加以考察研究之后，弄清楚了古代官吏制度。

《二十四史》各部史书里，只记载了各代大的官。所以封泥及对于封泥的研究，就能够补充这些史书的所缺所漏。

山东济南博物馆还收有四百块封泥。

第四，符。虎符，是铜质虎形的凭证。古代，这种虎符的一半放在帝王那里，另一半放在将军那里。要是帝王要发兵了，就派人持虎符作为命令。到了带兵的将军那里，将军要把自己所收有的另一半符，放到一起加以封合。相合，就承认是王的命令，就得照令行动。

虎符的剖切面不平，面上有若干高高低低的地方。所

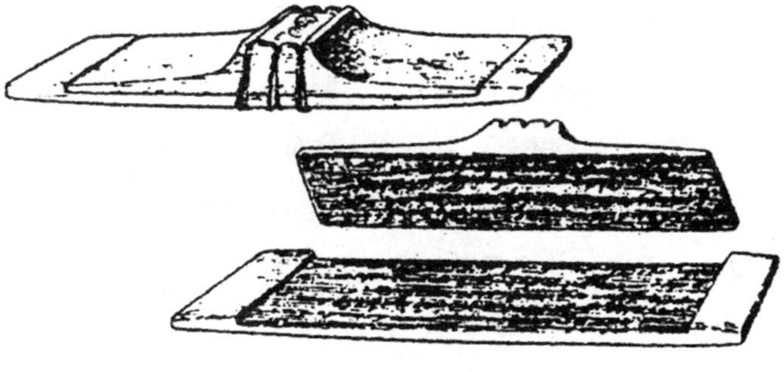

新疆出土汉代版牍和封泥

以，两半符就要封合一下，以辨别真伪。

古时一般官吏不用符。

研究古符，也是通过古物以考古代历史。

第五，节。节和符有其相同之处。古之帝王派出使者的时候，就把信写在节上。节是用铜制造的。

新近发现了楚国的《鄂君启节》。“启”，是一个人的名字。从这种古节上的文字，还可以知道那时代的山川道路及其他古代的事情。

第六，陶器。陶器，是古代工业上最早的发明。由于陶器可以放水，所以古人家家都用都有。这种家家用陶器的情况，表明人类已经可以定居，可以住在最早的洞里或房里。陶器的出现，约在新石器时期。所以最古的陶器，成为新石器时代的标志。

随着人类文化的进步，一代代人类社会的发展，陶器的制作也不一样。发展到仰韶文化时，制陶技术已经颇为成熟。早期的烧窑由于封密不严，常是烧出红色的、红褐色的，或者是杂色的陶器。到了仰韶文化时期，烧陶的窑里可以把温度烧到高达一千度，其成品以红色陶器为多，上面常有黑色的彩绘。所以叫“仰韶彩陶”。

“仰韶”是个地名，在河南渑（读免）池县，仰韶是渑池县内一个村名。这种仰韶彩陶，是史前时代的，是夏、商以前的器物。这是地质学家发现的。

这种彩陶上的色彩与花纹跟后来的陶器上的色彩与花纹都不同，却是和中亚细亚的阿那（现已属于苏联境内）的古陶很相同。这说明那时候东西方的交通已经通达。

这种仰韶彩陶上，有花卉，有几何图案，还有简单而整齐的示意符号。有的陶器甚大。

后来，又发现了“龙山黑陶”。这是大汶口文化、龙山文化时期的陶器。这个地带，在山东济南附近。龙山黑陶，是在山东、河南一带出的。彩陶可以在西边一些地方及西北一带找到，而黑陶则是在东边地带找到。

“龙山黑陶”，由于人类文化又进了一步，制陶技术又有了新发展，烧出来的多是灰色陶器和黑色陶器。这种陶器很薄，也很光，是黑亮光滑的蛋壳陶。

又发现了殷墟的陶。就是河南安阳所发现的古殷墟白陶。南方苏州也发现过白陶。烧制白陶的窑内温度，要高达一千二百摄氏度到一千四百摄氏度方可。这证明社会文化又有了发展。

彩陶在先，更早一些；黑陶在它之后，居中；白陶在后。商代人已经把彩陶看做古物。在这之上，更无别的古物。

白陶上面有凸起的花纹；黑陶无有花纹；彩陶的花纹，是画上去的。表现了三个历史时期的文化。即是：彩陶时代、黑陶时代、 白陶时代的社会文化。

到春秋战国时，陶器上有了文字。可是陶器粗了。这是因为此时社会文化又有了更大发展，很多器物用了铜器。这个时期的陶器上面，每家都刻上自己的姓名。

时代越是古，陶器色彩越好。古时，帝王也用陶器，寻常百姓更不用说了。

汉朝以后，陶器演变为瓷器。瓷器上有彩釉。

汉陶楼陶畜

明器，或者叫冥器，是给神或者死去的人所用的陶器。在这种陶器当中，有小房子，有马以及什物等品。这些也都反映古人各时代的生活。现在已经发现了明器中，以新石器时代的为最早。

据《孟子》记载，孔子曰："始作俑者，其无后乎！为其像人而用之也。"这个意思就是说，开始作俑的人将没有后嗣，因用像人的俑来殉葬。实际上则是，用俑作为殉葬品，证明了古代是活人殉葬。有一个商朝的古墓，开掘后，发现墓很大，是有百人生生被杀而殉葬的一个大墓。到后来，为了少杀人，改为以陶做的俑去殉死者。

俑，可以表示各时代的文化。

最美的是唐代的俑。唐代的彩马，官吏的俑与歌、舞的俑，都好。这些俑的上面都有彩釉。

在洛阳曾发掘一古墓，墓里有几百个俑。表示死者的殉葬奴隶有男、有女很多。从这

汉代说唱陶俑

些俑可以考证出那时的衣服，而古代衣服是最不易保存下来的。但看见唐之俑人装束，便可以知道唐时的人，穿短装的多，衣服的长短刚到膝部。

从以上的叙说，我们就可以明白，考证古史，就不能忽略对于古陶器的研究。

第七，碑与墓志铭。铭在墓中，碑在墓外。古代大墓，有石阙，在墓的二侧。阙上有文字，表明墓内埋的什么人。阙，有警卫的意思。

碑，把死者的事，记载在上面，汉代的碑，有一人高，上面的字不多。碑上都有一个孔洞，这是因为在祭祀的时候要用羊，这个孔洞用以结绳。

墓前有碑、有阙都是从汉代开始有的。所谓“天阙”，乃是皇宫宫门两边的大楼。

墓志铭也是汉代以后才有的。

铭很考究，都是石质。其形状像龟，要上、下切开作两半，下面的一半，刻上文字，然后再把另一半盖在上面。再到后来，这种铭就不再切开了，只是方石一块。

在河北省的临漳县，是曹操建都的地方。这里有一铜雀台，附近古墓颇多。传说是曹操七十二疑冢的所在，说是曹操故意伪造的。实际上，现在已经弄清楚了，那些全是后来北魏人的老墓。这些墓内，有铭，上有文字记载，就证明了。

北魏的时候，人死后，墓前不准有碑。所谓“魏碑”，多是庙宇里的碑。

魏墓志铭

从铜雀台的北魏古墓中，看到铭，从文字记载上知道这些墓中人，姓元，原先姓拓跋。这是些贵族，所以墓很高很大。

考释这种古铭文，对于研究北魏皇朝和贵族情况有用。如他们为了要汉化，对其少数民族的原来祖传的拓跋姓，也一律要改。这些铭文，就是这一史事的物证，是可靠的文字证明。

唐代以前，贵族才能在墓中用铭。可是一到唐朝，改变了，不是贵族的人，也在死后的墓内用铭了。就是说，死了人，都可以用铭。一般的墓，用砖作铭，上面写朱砂字。

有的宫女死了之后，要为之作铭，又不知其事，所以铭上就这样写：

×氏（要有个姓），但不知何许人也。

河南洛阳以北有北邙山。这里是好多朝代的葬地，古墓多，出土的铭也多。有两个人下工夫去加以收集。一是张钫，这人早先在民国时期，是军阀，解放后还活着。此人收集了二千多块铭。第二人是于右任，国民党的元老，他收集了不到二千块铭。

这些铭捐献出来了。一部分存在陕西博物馆，一部分藏在河南博物馆。这些铭的文字，有的可以校正《二十四史》的错误。例如，关于某代某大官，是哪年生的，哪年死的。

第八，石刻、画图、文字。

在汉墓中，有刻的画，发现了武梁祠、孝堂山（在山东长清），把古代忠孝节义的故事刻在墓里边的壁上。其上还有文字。汉以前没有墓内画。

图，已经发现的有天文图，是在苏州见到的，宋人所刻。

还有地理图，是在西安发现的，也是宋人所刻。这份地理图有两部分：一为《禹迹图》，画的是禹的行迹。二是《华夷图》，是画中国及其四方各夷国的图。

关于地图，我国自晋代就有很好的地图了，那时的地图上就能够分出等高线来。晋代的裴秀、唐代的贾耽，都能画出好的地图来。这种古地图上都打着格子，每格表示一百里。

宋朝石刻的天文图、地理图，是世界上又早又好的图。

又发现了石刻都市图。有《平江城坊图》，这儿的“平江”，是指苏州。在这个石刻图上，街道和河道都画出来并刻在石上，也是宋人刻的。

石刻的文字，就更多了。

古代石刻的文字，传到现今的，有儒家的古经古籍；有释家的经典；有道家的古经。

关于道家的古经著作，有《老子》共五千字，是最少的了。它刻在幢上，就是六角或八角的石柱。

关于儒家的古籍，刻有十三经。在后汉熹平刻了七部经于石上，传说是蔡邕书写的，后人称之谓一字石经。到了魏代，又刻了两部经：一是《尚书》，一是《春秋》。叫做“魏三体石经”。为什么叫三体？就是书写时用了三种字体：古文字、小篆、隶。刻这两部经书，用的石碑很多，刻写了四万八千字。

到了唐代，把二十经都刻了，叫做开成石经或唐石经。宋代补刻了《孟子》。这些现在都存于西安的碑林，但已有残缺。

关于释家的经，刻的最多。

北京房山，有自唐代到明代的石刻经文。先后刻了几百

秦石鼓文

年。房山的佛经，由于都在山洞里，在古塔中，现在还没法子看，没有开发出来。[①]

古代所刻的佛经，究竟总共有多少万块，不知道。泰山有金刚经石刻，一个字，有小桌面大。河北省磁县有个响堂寺，这里的石刻佛经，至为巨大。

上述这些佛经，多是刻在山上。

不用说，古石刻文字，古石刻画，古石刻图，对于研究古代史，都是富有价值的。

第九，书画。

先说说书，即古人所写的字。

我们向来知道中国古代书写的字，流传下来的，人们把它分做两派：南派——唐；北派——魏。

① 校订者按：文物出版社已出版《房山县云居寺》一书。

可是，现在发现的新疆存有三国时代、西晋时代所书写的字。这是写在纸上的。这一珍贵文物，已流到了国外。

所谓南派，是帖；所谓北派，是碑。帖者，信也，古人所写的信件。

写魏碑的，可以参考墓铭的字。

南派的古帖，在宋朝重新集了许多部帖，宋太宗时刻了《淳化阁帖》在石上，然后再从石刻上拓出来。这部帖的石刻已经没有了。

到清代，乾隆时刻了《三希堂法帖》。这件古帖石刻，现在北京北海公园的阅古楼。“三希堂”，是乾隆皇帝御书房的名。三希，是三样稀有的古宝，全是王羲之父子弟兄所写的字。

王羲之得到世世代代的大名，是和唐代李世民，以及宋代皇帝极力收集王羲之书写的信分不开的。

还有一部描的帖，叫《万岁通天帖》。这儿的“万岁”，是指武则天。这部帖是唐代的，一直没有刻出来，自唐朝传到了明朝，又传到了清朝。最后，经溥仪带着到了东北。现在存在沈阳博物馆。这部帖也是些王羲之的字，是勾下来的。

古人所书写的真迹原品，只有汉简是最古的了。晋代的则

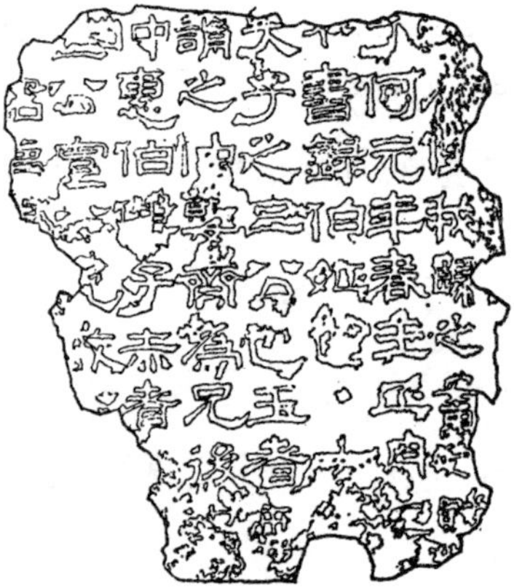

熹平石经残片

有在新疆发现的纸上的古字。另外，在故宫博物院藏有西晋时的陆机所写《平复帖》。这件陆机所写的信上，有“平复”二字。

另外，还有许多古人书写的真品，已经被运到台湾地区。

历代传到今天的古人书写的真迹，以宋人所书写而流传下来的为最多。

接着下来，我们说说画。古人的画保存到今天的，除了石刻的画而外，最古最早的是隋朝展子虔的《游春图》。这是展子虔的手迹，到现在已有一千二百年了。

唐代人画在纸上的少些，很多是画在壁上，叫做壁画。这样，传下来的唐画也就少。有的是画在屏风上，叫做屏画。由于这些屏风是丝织品，也容易毁掉。所以，唐代画留下来的少。

宋代人的画，传下来的就要多些，这是因为宋徽宗很喜欢画。在宣和年间，他成立了“宣和画苑”，集中了不少画家在宫里作画。所以，画的多，存的也多。宋代的画，多为工笔画，即细描细写的画，有的人就说这种画叫“匠人画”。

中国工笔画中，最有名的古画是《清明上河图》。作者张择端，是北宋人。此画画的是北宋时代的都城汴梁（开封）的城内外风景及运河边上的情景。宋代的京城也叫东京开封府，是水陆枢纽。这时，有汴河、蔡河、五丈河、金水河等水道，以沟通南方经济富庶区和山东与西安各地。有些街道十分繁华，有些大街是沿着河道形成的。

《清明上河图》是一个长的画卷。图中描绘了自郊区，经城区，汴河的两岸风光。有农田、村舍、酒店，有河中船只与纤夫。行人、骡马熙熙攘攘。卷上画的“虹桥”，桥上桥下，人群接踵。有饮食摊、刀剪摊、杂货摊，有茶座，有酒店。图中人物有数百之多，有卖花的，有卖剪刀的，有卖弓的，有卖卦的等各类人物的形象。在街上的行人中，有穿短衣的劳动者，有骑马的官员，有乘轿的仕女，表现了宋代社会的风俗。宋画表现风俗的多。

这一画卷共有五米多长，由于是北宋的风俗画，就不仅具有很高的艺术价值，也有极高的研究历史的价值。

第十，织锦刺绣。

古人的织锦刺绣，留存到现今的，有宋朝的织锦和明朝的刺绣。我们见到这些古物，有助于考察历史。

刺绣，有名的是“顾绣”。因为在明代，上海有个顾家（露香园），父亲和女儿都能刺绣。绣得极好，出了名，所以有“顾绣”的称谓。现在故宫博物院藏有这些古代艺术品。

第十一，古代档案。

毫无疑问，古代档案是研究历史的重要依据。现在，我们只有明代和清代的档案，就是明、清内阁大库的档案。共有存档文字几十万件。

清朝末年，皇朝统治者想要加以清理。当时有人主张全部烧掉。罗振玉力主要保存下来。结果，就装了八千麻袋，保藏在故宫午门楼洞里边。

清明上河图（局部）

其后，又有人把这些档案当成废纸，卖到了造纸厂。这事又被罗振玉知道了，他用二万两银子买了回来。再后，到民国时期，为当时的中央研究院买到。现在，一部分被带到台湾地区去了，可是大部分还留在北京，存于西山温泉的档案局。

总起来我们可以说，研究历史的史料学和考古学必须结合好，要求考古学家和史学家配合得好，要把古代留存于今世的各种古物、各种史料，一一加以考证。古玉也好，古节也好，古陶也好，古碑古铭也好，古石刻也好，古书古画也好，直到古代存档，都需要更多专门的人、专门家、专门学者，进行研究，并跟史学研究紧密结合。

可以看出来，历史的研究，一代比一代有更多的发展进步。

一九六六年一月十三日　顾颉刚先生续谈考古

顾老接着昨天的话题，继续谈了关于考古。

说到考古，还有些值得谈的。

我们先谈古钱币。

战国时代以前，人与人间的交易，是以物易物。人类最古最初的交换，是用真的刀，真的铲。后来，改为用小的刀、小的铲，有了“钱”。

“钱”字，就是“铲”，是一种农具。随着交换的频繁，交易的发展，就有了“钱”。

钱币的出现，开始在战国年代。古代钱币，最初有刀形、有铲形。

钱币到秦汉以下变得不同了，其形状是外圆中方。

秦朝的钱，是半两重。汉朝的钱，是五铢的重量。一铢为一两的二十四分之一。

以后各朝代的钱，形状没有变化，只是在上面刻铸了各个朝不同的年号。比如，唐朝有“开元通宝”，宋朝有“宣和通宝”等，都是金属制造。

到了清代后期，把铜钱，改为“铜元”，中间就没有方孔

战国各国货币统一为秦朝货币

了。因为这时的物价高了。

古人如果用钱数量很多，就用银子。战国时的楚国，是用金子作钱币。那时他们叫“郢爰”。其形有如棋盘格，一小块一小块的，都可以在用时剪下来。

五铢钱

金子，因为佛教要造很多的金佛、金塔等，用得过多。每个寺院都有许多金子、金器。佛教造金塔，要把和尚的骨灰放在里头。

中国古代曾经是产金，不产银。银在汉代的时候，就开始用。银的钱币，是用两来计算。把银子做成元宝形状。用的时候，可以剪下一块，再用秤称一下分量多么重。

到清代光绪年间，改元宝为银元。银元来自墨西哥，所以又叫“洋元”，后来中国自己铸造银元。

清代后期和军阀执政时期，他们自造铜元，大开铜币厂。一个铜元，最初是十钱，后来升高到了二十钱；又升高到五十钱、一百钱。这时的铜元，从中国东部往西部，愈向西所铸的铜元愈大。这都是表示这时期的物价高了，西边更高

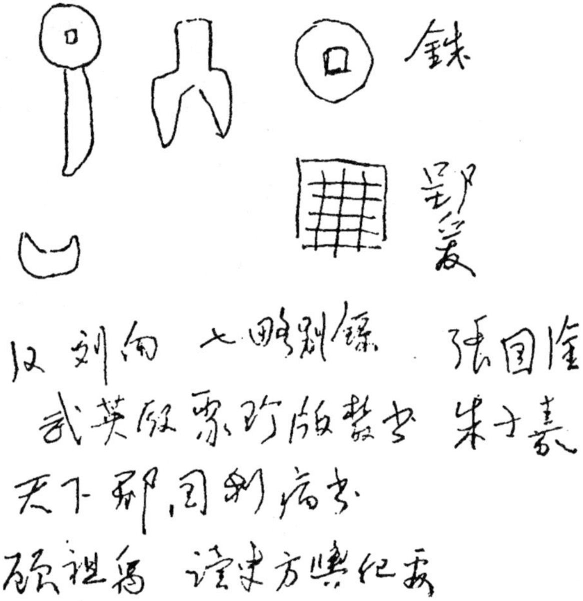

顾颉刚讲史时手绘的古钱币图

些。这全是军阀们造成的恶果。

我国东南各省，那时又用小银元。有一角的，有二角的。

钱的发展，可以作为考史的一个途径。从钱的变化，可以看到商业、经济的发展，比如可以看到古代的物价低。

钞票。说到中国的钞票，这是从宋朝才开始有的。那时的名字叫做“交子”、“会子”。宋代也罢，元代也罢，明代也罢，都使用钞票。钞票的通行使用，最容易引起通货膨胀。

宋、元、明时期所用钞票，有所谓“贯”。一贯，就是一千钱。

人们打牌玩时，在牌中，有“一万”，“二万”，又有一种玩的“索牌”，这种牌里有的叫“一千”，有的叫“二千”，“千”就是“贯”。

钞票里的“圆”是什么？就是“通”的意思。

交子

到了蒋介石统治时期，钞票改成了虚的本位。在民国二十多年的时候，他把全国的银元统统收回。只有钞票一纸，就随意印票了，爱印多少就发出多少，物价越来越高。（记录者按：各国钞票，有的是以金子作本位，有的是以银子作本位，都要按照实际拥有的金子或银子的数量来有限制地印发纸票。蒋介石时就没有这些了，他是虚本位。）

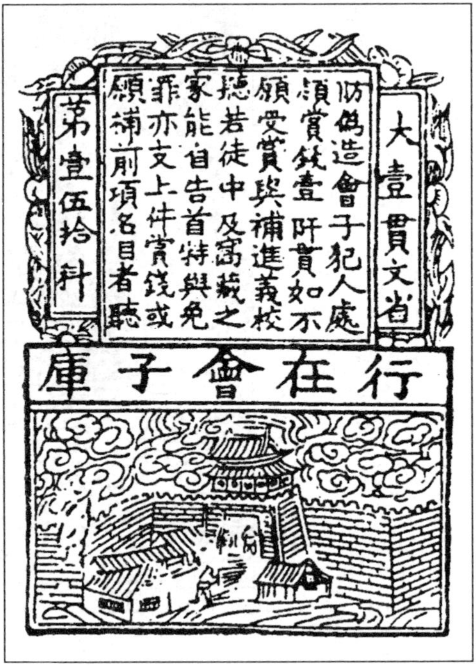

会子

考钱币，是从经济的变异看历史的变化，从经济看历史。

接下去说古书。古书当然和古史大有关系，要分开来说它。

第一，是皇帝的日记。

古代各朝皇帝，由他的史官把他每一言、每一动、每一事都记载下来。待到这个皇帝死了以后，再给他编《实录》。这种实录专记皇帝的事情、行动。还有《圣训》，专记皇帝的言，他的一切文告。

我国古时皇帝的《实录》与《圣训》，现今都保藏在北京的南池子大街的“皇史宬”，“宬”这个字，其他地方见不到。

可是，宋朝以前的皇帝《实录》已经失去，明朝、清朝皇帝们的《实录》还都有。明代《实录》是抄本；清代《实录》是原本。这些，都已经印出来了，是日本人印的。

最早见于记载的实录，是周兴嗣等写的《梁皇帝（武帝）实录》。自从有了实录，历代修史，在撰写过程中，都要从《实录》和《圣训》里边去抄原始史料。

当然，所谓《实录》，不会把皇帝的一切真事都记下来。例如说，清代顺治皇帝的母亲后来改嫁给顺治帝的叔父多尔衮。这件事是属于叔嫂结婚，《实录》里就不记了。在多尔衮死了以后，后代称他是“成宗义皇帝”，“义”指假的。

第二，是国史馆的记载。

各皇朝都有“国史馆”，负责把那个朝代的普通的史事和一些官吏的事记录下来，再记载一些外交方面的事、内政方面的事。

往昔编史时，就是下一个朝代把他上一朝代国史馆的记载，加以编写，而成为史书。《宋史》，为元朝所编写；《元史》，为明朝所编写。下一朝编写上个朝代的史书，所根据的就是《实录》、《圣训》，再有国史馆的许多资料。

第三，皇家编辑的书。

武英殿是为皇帝编辑并印刷书籍的地方。

清朝专为皇帝编书是从康熙开始的，所编的书就是《古今图书集成》。它把从前的书分类编纂，是一种类书。

所谓类书，是古代百科全书式的书。它广泛采集各方面的书籍，再按类别进行编辑。这就是为什么叫做类书的缘故。

我们前几天讲过的《册府元龟》、《太平御览》、《太平广记》这几大部宋太宗、宋真宗命臣子们编纂的大书，就都是类书。明朝成祖又下令编了百科全书式的类书《永乐大典》。《永乐大典》共有二万二千九百三十七卷。共集有当时古今图书七八千种，包括经、史、子、集，以及释家的、道家的、医药的、戏剧的、平话、工艺技术、农艺等各类著作。举凡天文、地理、人伦、政治制度、奇闻奇见都收入其中。在编辑时，永乐皇帝朱棣很重视，很严格，不只是集得特别广，而且又特别严。对于所收入的书籍，不许任意删节、涂改，只许一字不差照原书原文分别编进去。所以这部大书最完整地保存下不少佚文秘典。

可惜的是，明代皇帝一直没有采纳刻版印刷的意见，所以只有这么一部手抄本。嘉靖皇帝时，怕被火烧掉，才要人们抄写了一部副本，这样共有正副二部。到了明朝灭亡，《大典》的正本也随之毁掉。到了清代，经过英法联军和八国联军的攻掠北京，这部世界文化的瑰宝《大典》的副本，有的烧毁，有的被帝国主义盗走。现今，我们还留有一点残余。

我们还是把话再拉回到清代的《古今图书集成》这部大类书。《集成》，在康熙时由陈梦雷编成。先后编了十年，到了雍正皇帝时，又命蒋廷锡主持其事，经最后增删润色，方告完工，加以出版。

《集成》分作六编：历象、方舆、明伦、博物、理学、经济。有三十二典，就是三十二类，是最大的类书。共六千一百零九部。有书一万卷，五千本，每本二卷。它的内容，雍正皇帝有个评价说："贯穿古今，汇合经史，天文地理，皆有图记。下至山川草木，百工制造，海西秘法，靡不具备。洵为典籍之大观。"所以可以算得上是一部百科全书了。

可是《古今图书集成》比之于《永乐大典》，所收书籍要少一些，但比《永乐大典》编得要好，《集成》是按类编书，《大典》是按字的音韵来分书，这个编法不好。可是《大典》集的书多，有二万多卷，《集成》是一万卷。

《集成》是用铜活字印成的，但印数极少。清代时候，如蒙皇帝赐给一部这部巨著，那就光荣至极。

到光绪帝时，外国人想要这部书，可是皇帝已经没有了。就重新石印，印了五百部。再到后来，上海集成图书公司铅印了。自此之后，普通人民方能购买得到。铅印本有一千六百本。

第四，皇家编书之二——《四库全书》。

清代的乾隆帝，下令编修《四库全书》。他命令郡王和大学士做总裁，又命六部尚书、侍郎为副总裁。专门开了“四库全书馆”负责编修这部大书。纪晓岚是大学士、汉学家，担负了主要责任。另有不少著名学者如戴震、姚鼐（桐城派古文家）、大学士翁方纲等三百六十人担任编修。

为什么叫做《四库全书》？“四库”，是在唐朝玄宗时，把那时所有的经、史、子、集四个大部的古书，分别藏在四个大书库中间。所以后人也沿袭了这个做法和称谓。

《四库全书》把我国古代传下来的图书典籍，不论刊印与否都广泛搜集起来。包括如下几种书：

一是“敕撰本”，二是“内府本”，都是宫中藏书，三是《永乐大典》本，四是各省采集来的书，五是私人进献本，是各省藏书家献出的好书，六是一般通行书。

虽然，不能说把全国古今所有的书都一一收集完了。但总是由皇帝、宫廷、官家尽了最大力气加以搜集的，其中有不少珍本秘籍。这对于保存我国古典图书，对于文化与学术的发展，很有价值。

《全书》总共收进三千四百七十种书，每种书平均有十本，共可有三四万本。先后编纂了十年才完成。

这部书的编法，又和前面所说的两部大书，即明之《永乐大典》和清代康熙、雍正时的《古今图书集成》，很不相同。前两部大书都是要把原书拆开，再按类分编或按韵分编。这样一来，原书的面貌就看不到了。《四库全书》这部巨著，编法不是这样的。它是照原书分门别类，整部整部地进行编辑，不变原书原有的样子。凡是这么编的书，就叫做“丛书”。此书分为经、史、子、集四个“库”。

《四库全书》整齐美观，一律手抄。先后只抄了七部。第一部存在北京皇宫内“文渊阁”；第二部存在北京圆明园的“文源阁”；第三部藏在热河行宫的“文津阁”；第四部藏在沈阳清朝故宫的“文溯阁”。以上四部，都在我国北方地区。

另外，藏在我国南方的有三部：一在扬州行宫的“文汇阁”；二在镇江行宫的“文宗阁”；三在杭州西湖畔的“文澜阁”。那时，南方所存的三部大书，是可以借阅的。后因太平天国同清代统治者发生战争，在战争中，南方的这三部书都毁了。只杭州“文澜阁”所存的一部，还留下半部。

北方的四部呢，由于英法联军攻北京，烧圆明园，就烧去“文源阁”的一部。

今日仍有三部还完整保存着：一是清宫“文渊阁”所存的一部；二是热河行宫“文津阁”的那一部，现在北京图书馆；还有第三部，即在东北沈阳故宫“文溯阁”的那一部。

现在，杭州的那半部经过补抄，又成了完整的一部。所以，目下在我国大陆一边仍有《四库全书》三部。

《全书》是一部很有价值的书，它保留着许多失去的书。《永乐大典》所收集的书，有些就为《四库全书》抄存下来。

但是这部书也有坏处，就是改书。对于凡是骂了少数民族的话，全都改过。又，凡是违背封建道德的话也改了。例如，我国宋朝时期，女人可以再嫁。对于这样的记载，《四库全书》都改了。这种再嫁的事，在我国历史上，只是到了明朝，才变为一女不许嫁二夫，给守寡的女性立贞节牌坊。

另外，《全书》对于不合胃口的书就不收录，而只存下一个书的目录。还有，在《目录》当中，有书评，评得不好。

再有，清朝借着整编书，又禁了一些书，烧毁了一些书，所禁书的目录有一千种，清代禁了明朝的许多书。所以说，《四库全书》有好处，也有坏处。

纪晓岚（纪昀）是全书的总编纂官。他把其中的每一书，都作提要，说明该书的著作者及对于该书评价等。纪平生只编著了这部巨书，这使他有学术地位。

纪晓岚为《四库全书》作提要，也作了十多年。这些提要也非他一个人写的。又作《四库全书简明目录》，这里边主要是些目录，也略有书评。

乾隆又把《四库全书》中的一部分书籍编成《武英殿聚珍版丛书》，用木活字排印出来，这部书许可人买。

后来，有些人把南方所藏的三部《全书》借来抄一些，再加上一些其他的书，编成许多丛书。并且也仿照纪晓岚，为他所编的每一书写上一个跋。

乾隆以后，丛书比前多了，也好了。

到民国时期，又印过一部《四库全书珍本初集》。就是把只见于《四库全书》中的、外边所没有的书收集起来，编纂而成。还有个《二集》，因着抗日战争起来了没有出。这是商务印书馆作的。

军阀统治时，徐世昌原也想要印刷《四库全书》。但那时商务印书馆因见全国也没有这么多纸张，所以只好印“珍本”。徐世昌时，印了《释藏》、《道藏》，“藏”，是佛教和道教经典的总称。这两部经，是明代刻本。

我们考古，就必须去查考有重要价值的古书。古代皇帝所编纂的几部著名巨书，收集了大量古代典籍，就要去研究、去阅读。

第五，古书中的地方志。

我们说到古书的查考，是考古的重要方面。这当中，我们万万不可以轻视历代编撰的地方志。

在古书里，大量的未经整理的是地方志。地方志，也叫地志，或叫方志。各县有县志，各省有省志。

我国古代从战国时开始，以后代代都重视编写地方志。秦汉时期，编地方志就开始盛行成风。有风俗传、异物志、风土记、山水记、州郡地志、外域传记和图文并茂的图经。

我们前面说过，晋代有常璩编著的《华阳国志》，它就是今之四川省的古志。我们前些天也谈到《越绝书》，是东汉初年袁康所写。它就是今日浙江省的古志。

隋朝，皇帝下令各地都要编各地的风俗、物产、地图。《诸郡物产土俗记》这样大部头的书出来了；《区宇图志》和《方物志》等书都编出来了。

到唐代，地方志的编写更加发展。有的著作记了地方的政府机关、天象、河流、堤堰、湖泽、驿道、古城、古墓、寺庙、学校、歌谣。我们前天也曾说到过樊绰编写的《蛮书》，它是今日云南省的古志。

宋代，全国普遍编修地方志，保存到现在的也还有三十多部。

元、明、清代，越发重视方志的编修。清代达到高峰，省有省志，府有府志，州有州志，县有县志。此外，各地还编写了关志、卫志、屯志，以及所的、镇的、乡的志；还有山、水、湖、海、堤、塘的专门的志书；并有一楼、一亭、一寺、一庙、一庵、一塔、一祠、一桥、一家书院等等的志书。清代真是自古以来编修地方志的鼎盛时代。

清代初年，有位大学者顾炎武，著了《天下郡国利病书》，就是从明朝各地方志中抄出来的，其内容主要是些经济史料。

又有位顾祖禹，著作了《读史方舆纪要》。此书是写军事地理，指出何地可以攻，何处可以守。

上述这两位顾先生，都是要革清皇朝的命的。

我听说毛泽东主席熟读古史书中的两部书，一为《资治通鉴》，二为刚刚讲过的《读史方舆纪要》。这个话是毛主席的表兄对我说的。

地方志书，明代以前的很多失掉；保存到今天的大部分是清代的，有八千多种。明以前的方志书，多亏了宋编《太平御览》、明编《永乐大典》、清编《古今图书集成》这些大类书，才保存了一些。

对于地方志的研究，极其重要。从这些书里可以研究政治史、军事史、经济史、文化史、社会发展史等。方志里还有大量关于气候、天象、地形、土壤、水文、物产的记载。所以，清代就有人专门从事方志的研究了，逐渐地形成了一个专门的新学科——方志学。

现代有一位张国淦，是湖北人，收集了两千部地方志书，编了地方志的目录，著作了《中国古方志考》。还有位朱士嘉，正在编写《中国地方志综录》。朱先生现在湖北，他收集了张国淦所收的古地方志；之后，他自己又到各省、各地去看那里的方志。他在著作里说了那一地的方志，现在存于何处，等等，便于人们进行查考和研究。

美国图书馆大量收买中国地方志，他们收得最多。这是为的画军事地图。

第六，家谱。

说了地方志之后，我想到要说说家谱。

我国家谱中，有许多封建社会的材料。我们研究家谱，就能把封建年代的父权、族权、家法、家规等的资料全部找到。

有所谓“义庄”，这是族田。族中无有饭吃的，可以去到义庄找吃的。义庄也可以发米给穷人吃。

有家谱里，还能看到族长的地位是又高、又掌握经济大权。

研究封建社会，应当看些家谱。原先潘光旦研究家谱，后来大概不再研究了。

其他，还有我们对于古代的传说，对于古代神话故事，过去不以为意。现在认识到，古之传说、神话，都和古代社会发展有关系。所以，现代学者也要注意这方面。例如，我们研究少数民族，就见不到这方面的史书，只有神话与传说及民歌。对于这些，就都得要看，都得收集，都得研究。

所以，我们说历史学，关于历史的研究，其范围越来越大。这跟在古时的研究不同了，过去只有《二十四史》。

我们谈到考古，谈了古钱币，谈了古书，再谈几句考古物时遇到的古器物的复原问题。

古物复原是很有意义的事。例如，汉代张衡所制的地动

画有伏羲、女娲等
古代神话的汉画像砖

仪、天文仪，早已失掉了。现今，又根据古书记载，重新做出来，这样的事，岂不是很好的事？

张衡是我国东汉时代的科学家，是世界最早的天文学家之一。他对于天文、历法和地震，都有重大研究成果。他的突出成就是天文学。他有一部天文学著作《灵宪》，很有名，很有价值。

张衡为了观测天象，就创造了比之于在他以前就有的旧“浑天仪”更其精确，更其全面得多的一架新“浑天仪”。这是一个可以转动的铜球，上面刻了二十八宿和其他恒星的位置。铜球有轴，轴的两头象征着北极和南极。球的外面，有几个铜圈，代表着地平圈、子午圈、黄道圈、赤道圈。在赤道和黄道上刻了二十四节气。

“浑天仪”在转动时，刻在它上面的天象一一显示出来，就和天体星球的运转很相像。

张衡还创造了测定风向的仪器，叫“候风仪”。

张衡研究了地震。创造了我国第一架地震测报仪器，叫“地动仪”。这架“地动仪”，当时曾对洛阳一千里外的地震有过灵验的测报。

把这种古代科学器物，重新复原，重新制作，就很好。

又如古人制造“指南车”和记里程的鼓车，都重新做出来

地动仪复原模型

了，现在北京的历史博物馆展览。

我们后人所用的指南针，是用磁石，这和古代的指南车很不同。

记里鼓车，那是利用齿轮的转动，来击鼓，记下里数。

古生物学和史学的关系越来越密切。

发现了“北京人”的化石，可以研究中国北方人在五十万年以前的事。

“北京人”是在北京西南的周口店龙骨山的山洞里发现的。科学家曾经对几十具男、女人体的骨骼做过研究，如依照“头盖骨”的形状，作为北京人的头部复原的塑型，以研究“北京人”的脑同现代人有所不同。还研究其手与现代人的手的不同，以及身躯全体结构上与现代人的不同，从而得到了许多关于介乎猿与人之间时期的“人”是怎样的种种认识。“北京人”的发现，曾轰动了全世界。

中国猿人复原像

我们还曾发现了“蓝田人”，这是在陕西发掘的，是五六十万年以前的人。①

在“北京人”、“蓝田人”的生活遗址，既有人的骨骼的化石，使考古学家加以研究，同时，还有些石的工具和石的生活用具。如用作砍砸的石器，用来刮削的石器，还有另一些东西，如灰烬之类。

石器可以研究古代猿人的生活、劳动的方式。灰烬可以研究人类在这个时候就用火了，吃东西是熟食。这是古人类史上的大变化，大进步。

上述“北京人”、“蓝田人”的发现与研究，都是属于我国旧石器时代的发现与研究。

新石器时代，在我国河南渑池发现了许多文化遗留，由于是在仰韶村发现的，就命名为“仰韶文化”。这个时代的文化遗留，经研究后，知道了许多新石器时代的事。

在我国黄河两岸地带，发现了不少石器时代的遗址。像陕西、山西、河南、北京、河北、甘肃、青海，都先后发现了旧

---

① 记录者按：一九六五年，我国还曾发现过云南省的“元谋人”，这是旧石器时代的人类化石。对它的研究，使我们知道在一百七十万年以前，我国就有了人类，在亚洲来说是最早的。（一说，元谋人化石的年代应不早于距今七十三万年，可能为五十万至六十万年。）

石器时代和新石器时代的人类化石和文化遗物。不少是五千年到七千年前母系氏族社会的人所遗留的。

还有山东“大汶口文化”遗留和山东“龙山文化”的许多化石及石器、骨器，是新石器晚期的遗留。研究的结果表明，在新、旧石器时代，黄河流域是中华民族的摇篮。黄河也被看做是“中华”的象征。

新、旧石器时代的石器分别很大。旧石器时代的石器，是以石击石，击打出来的，所以，不容易把石器同石头分得开。而新石器时代的石器，是磨出来的，很光滑。要是不懂得这种学问，不要说对石具、石器无法辨识，就是化石也看不懂。可是考古学者、古生物学者、古人类学者，他们都能懂得，可以看出人的化石是男的、女的、老的、少的。

考古学家、古生物学家的研究成果，都是珍贵的历史资料。

八　略谈中国古代社会

一九六六年一月十五日　顾颉刚先生谈到中国古代社会

今天，正是一夜好大雪之后。天乍放晴，曙日刚刚升起来。我走进顾老的病房，见到他的脸上红扑扑的，带着他惯常的温和的微笑。坐在沙发上，像似正在等待着客人。我首先开了口，说道："顾老，你一连谈了十多天，使我受益匪浅。你已经谈了中国正史；中国杂史；中国古籍的整理与研究；讲了经学、汉学；讲了考据学；以及史料学与考古学等大题目大学问。我想是否可以请你谈谈中国古代社会；中华民族的渊源和中国的哲学、文学、宗教诸方面的概要情况呢？"

"好！很好！那么今天我们就谈中国古代社会吧！"顾老说下去，我就赶紧做笔记。

中国古代的社会制度是怎么一个样子？研究这个题目有些难处。关于我国古代社会的史书，现今没有。只有物，古代社会遗下的器物。那么，我们史前社会数十万年的史，怎么办，如何研究？只好找社会发展史。

外国人先研究了罗马、希腊所保存的西洋氏族社会末期的痕迹。后来，又研究了美洲印第安人的氏族社会全盛期的制度。关于印第安人早期的社会制度，也无有资料了。

美国人摩尔根作了古代社会研究。知道了人类古代社会许多情形。认识到人类的古代，先有血族婚姻制，即是本氏族内部的兄弟姐妹互相通婚。后来，有了群婚制，即是这一个氏族的男人和女人，不许同本氏族的男女通婚，而要和另一个氏族的男人、女人去通婚。这一氏族的每一女人，是另一个氏族的每一个男人的妻子。没有谁是谁的固定的妻子，谁是谁的固定的丈夫。比起血族婚姻制来，这是一个进步。

群婚制以后，又发展进步了，有了对偶制。一个女的只能和一个男的配婚。改变了同时许多女人和许多男人交互婚配。可是，这种一女一男的婚配，也不是长期固定。此时是此女，彼时换彼男。常常变，配偶常换，不断变换。

这样，古代社会时候的人，不认得谁个是父亲，只知道母亲。那个先古时代，就是氏族社会，是母系社会。母系社会就是一切以母性为主。

再发展下来，就实行一夫一妻制。一个女人作为妻子，固定下来，长期地固定为一个男人的妻子。这个男子，也固定下来，长期地固定为一个女人的丈夫。

一夫一妻制出现了，人类就不再是只认识母亲，不认得谁是父亲了。再加上劳动分工的发展变化，男人是主要劳动者，作用大，关系大，地位也高了。所以，母系社会也渐渐发展变化成了父系社会。

母系社会、父系社会，在最古老的年代里，仍然全是氏族社会。氏族社会时代，人类相互间是平等的、自由的。这时代生产很不发达，生产的东西刚够吃，没有剩余。没有剩余财物，当然也没对于财产的私有观念。

实行了一夫一妻制以后，儿女认识了母亲，也认得了父亲。父亲可以支配儿女。男人比起女人更有力量，男人们在打猎中，在作战中，作用是很明显的。又随着生产的发展，人们的劳动所得，除了吃、穿、用而外，有了剩余。剩余财物的出现，是个大事情。因为有了多余下来财物，有了私人所有的财物，有了对于财产的私有观念和私有制度，人类社会发生了大变化。

这样，氏族社会就走到奴隶社会。奴隶最初的来源，是战争中的俘虏。这一氏族同那一氏族之间不断发生争执，直到爆发战争。作战的结果，有了俘虏。俘虏要劳动，劳动的多，消费的少。劳动所得，不许本人所享有，要交出来。奴隶主出现了，奴隶出现了，奴隶社会出现了。

母系社会很长，很久远，约有几十万年。可是，关于这个长时期的古人类的历史过程，没有记载，没有史料，更没有史书。

母系社会的形成，主要原因是孩子不知道父亲是谁人，只知道生他和哺育他们长大的母亲。母系社会，没有史的记载，所以不能有个清楚的了解。人们只知道父系社会及其演进。

原始氏族社会的情况，怎么去研究，就只好依靠社会发展史，从这里去找寻。

下边我们说下去，要说到中国古代社会。

中国社会在最古老的年代，人们那时有姓、有氏。姓和氏是有区别的。女人用姓，男人用氏。姓是母亲的，女人的，是代代传下来的。

一姓之中，又有不同的氏，因为氏是男人的。古代的氏，有的是官名，有的还可以是个地名或者是用“号”。

中国古人的姓，现在所发现的，有“姬”、有“姜”、有“㚢”、有“姒”……都有个“女”字。

古代男人的氏，其氏的后边，加上个名字。女人的姓，其姓的后边，也加上个名字，她们常以她们的排行为名。如二、三、四……待到她们出嫁之后，就不用这个了。

又，侄娣从嫁。就是一个女人出嫁，她的妹妹，她的侄女也随同出嫁，嫁给同一个王，同一个侯。这大概是群婚制的遗留。这种情形，在我国西周和春秋时期，都是有的。

在《诗经》中，有西周时的诗《韩奕》云：

“韩侯娶妻……诸娣从之，祁祁如云。韩侯顾之，烂其盈门。”

这古诗所写的，证明男方是一夫多妻，女人仍有群婚制遗留。

关于中国这一古老时代，我们没有详细的资料。

一九六六年一月十六日　顾颉刚先生继续讲述中国古代社会

中国的古代社会的氏族社会，母系社会时代，每一氏族，都有他自己的祖先。这时的氏族所谓自己的祖先，乃是神。这个神却并不是这一氏族真正的老祖宗。

那时候的“氏族”，是一种宗教式的联合，并不完全是血统的代代相传的。一个氏族，可以再招另一氏族来，几个氏族的联合称为“胞族”。胞族同胞族又可以联合，许多个胞族的联合称为“部落”。许多个部落的联合称为“联盟”。联盟发展为“国家”。

“国家”的形成，也就脱离了氏族社会。因为，氏族社会是流动的。国家是地域的，固定的。

氏族社会时期，人与人之间是平等的。国家的出现，人类相互间的平等就消失了，出现了人间的不平等，人民被贵族奴隶主所统治。

贵族奴隶主统治者中的最尊贵者为国王。说这是天之子，这是一个“神”，是至尊的。

国家的统治者不一定和氏族是同一的。统治者自称是天的儿子，认为上帝也管许多小的神，把自己当做是至尊至贵的神。

国王成为神权、族权和军权的混合体。例如，周代，周王分封各族，他自己成为各族的尊长。王的权力很大，一切权力集中于一个人。从此，奴隶社会制度产生了。

奴隶社会制度的产生，在经济上的原因，是生产力发展了。有了剩余物品，有了私有财产。同时，在作战中，有了俘虏，俘虏成了奴隶。

氏族社会时期，初期是以女的为首。到了后来，氏族社会的首领也改为男人。

现在，我们要谈到中国母系社会的遗迹。

中国母系氏族社会，没有史料，没有文字记载，那是史前时代。但是，我们也可以找到一些这一历史时代的某些遗迹。

从《诗经》的古诗、古民歌中，可以找到一点点。有两首古诗，是关于商代的：

第一首诗是《玄鸟》，诗云：

“天命玄鸟，降而生商，宅殷土芒芒。”

第二首诗是《长发》，诗云：

“洪水芒芒，禹敷（敷，是填土的意思）下土方，外大国是疆。幅陨既长，有娀（国名）方将（大的意思），帝立子生商。”

这个时代，人类已经是男子做了尊长、首领了。

这两首《诗经》里的古诗歌，说了商王是天上下来的。他有母亲，但没有父亲。

在《吕氏春秋》里也说道：

有娀氏有两个女儿。因为长得美，父亲说：女儿应当嫁给上帝。于是，就建造了一个高台，让上帝来看看自己的这两个女儿。上帝就派了“玄鸟”（就是燕子），从天上下来，衔着两个卵，放在高台上。大女儿吞吃了卵。后来，她生了个儿子，名叫“契”。“契”是儿子，是男人。契这个人没有父亲。契的母亲是有娀氏。商以为契是他的始祖。

这里的意思，和前边说的《诗经》所说的事是一样的。都是说，天命玄鸟，降落大地，自此生下了商的王。而商王只知其母，母亲是“有娀氏”。父亲呢？不知道。就是说他父亲应当是上天、是神。

殷商的甲骨文中有一个妣乙，可能就是特别祭祀这个母性的，也许是祭的有娀氏，也可能是说玄鸟。所以说契无父而生，是上帝的儿子。

这些都是母系社会的痕迹，说明了母系社会时代的人，只认识母亲，不知道父亲。

上边是关于商的。再说说关于周朝的。关于周朝，在《诗经》中，有两首诗。

一首诗是《生民》。这诗云：

“厥初生民，时维姜嫄。生民如何？克禋克祀。以弗（祓求神）无子。履帝武（足迹）敏（拇指）歆（动）。攸介攸止，载震载夙，载生载育，时维后稷（指周的祖先）。”（记录者按：上边所记的诗及解释，都是顾先生边说边写边解的。以下所

记，同样都是这样）

又有一首《閟宫》诗，也是写“周”的。诗云：

“赫赫姜嫄，其德不回（回，是邪）。上帝是依（上天的神看中了姜嫄），无灾无害。弥月不迟，是生后稷（生下周的祖先后稷）。”

这诗是说，周王及其祖先，乃是天上的神，看中了一个女性姜嫄，让她生下来的。那么，周王及其祖先，都是按神的意旨而降生。也都只提了母，未说到父。

这在《史记》里也讲了。《史记》说：姜嫄是帝喾的后妃，她同帝喾散步，（后人说帝喾是人类的帝王。实际上没有这个人，没有这个帝王。）见到巨人的足迹踏上去而身动，如孕者。

周王自以为他们最初的母性祖先是姜嫄。周王又自以为他最初的男性祖先是后稷。看来这两个所谓的男、女祖先，都是没有的。

后稷是什么？是管农事的神。稷是精米。

姜嫄是怎么回事？周王常常同姜姓的氏族通婚，所以，就推想最早的女祖为“姜嫄”。嫄者，源也，是周的来源。

从上面所说的《诗经》里的古诗所记载的：商与周两个朝代的帝王祖先都是女性。商的女祖是有娀氏。周的女祖是姜嫄。

但，商与周的父系男性祖先就无有可靠依据。连商与周帝王自家也不大清楚。

这个时候，商也好，周也好，都已经是国家了，不是“氏族”、“部落”、“联盟”那种上古的时期了。这个时期距离氏族社会已经很远了。但还可看到一点点母系氏族社会时所遗下的痕迹。

一九六六年一月十七日　顾颉刚先生谈“中国”、“中华民族”的渊源

今日，香山虽在隆冬季节，可是，当朝日刚刚出山，那曙光透过山林中的淡薄云霭，这冬晨山景仍然另有一种美。没有寒风，空气清新，似乎还有点儿松林的馨香。我遇见顾老持着手杖，漫步在山坡小道上。我走向这位老人，渐渐地又谈起了史。

我问他：“顾先生，你说为什么称呼叫‘中国’呢？又为什么称呼叫‘中华民族’呢？”

我还问了“炎黄子孙”，“黄帝子孙”的缘由。他和我一边漫步，一边漫谈着。

早饭后，我按惯例和约定，又走进他的病房，他老先

生还是继续谈述这些方面的话题。

在室内所谈的，我立即一句句笔记下来。山间小道上的早晨漫步时所讲说的，就靠记忆加以追忆。

先说“中国”。“国”字古意是城，方的城。城有方的四边，中间有王。古代的城，意思是王的都城、京都。城外有原野、领域、土地和人民。

“中国”古代的地域不大。夏代只有河南西部、山西南部这么一片地方。后来，逐渐有了河南、河北、陕西、山西、山东等地区，是黄河中、下游流域，也就是中原之地。

中国古代，把自己的区域以外的四方，称作东夷、西羌、南蛮、北狄。四方全是“蛮夷”之地，自己居其中，叫“中国”。

在四五千年以前的史前时代，古中国处在原始社会。是些氏族、部落、联盟，接着有了国家。夏代可能是我们祖先的第一个“国家”。

黄河流域的中、下游一带地方，土质好，雨量好，气候好，适合于农牧业。所以，有的古老氏族部落，就从西边沿着黄河向东部发展，到了山西、河南、河北、山东这些地区。

经过各氏族、部落、联盟之间的互相战争，互相兼并，和在政治、文化、习俗、语言上的互相混合交融，氏族、部落、联盟、小国，渐渐成了较大的、更大的国家。

古中国原本只有很小的疆域、较少的人民。以后，一个时代、一个时代地变大了。起初，只有河南、山西的区域。到西周时候，就北部到燕山；南边到淮河；西部到陇山；东边到大海。中国幅员相当大了。

到了春秋、战国时期，各小民族、小国家之间的战争与合并又进一步急剧展开着。

那时，燕国把今之河北省北部的各小民族、小国家，都兼并了。燕国极力向北和东北发展。后来灭了山戎族，又打败了东胡，就扩大到东北南部，有辽东与朝鲜为邻。

晋国在今日山西一带地方。它把当时的赤狄、白狄、长狄等小民族、小国家先后合并起来。

赵国在晋国的基础上，灭了中山国，打败了林胡，使它的国土到了今之内蒙古。

秦国灭亡了义渠、冀戎、邽戎这些陕西及西北地区的少数小族、小国，又并合了巴和蜀，极力向西扩展。

楚国、吴国、越国把长江、淮水流域和长江、汉水流域的小族、小国，如“荆蛮”、“廪君蛮”等蛮族、蛮国，逐一降伏、兼并。楚国，在战国时代，很大。它不只有了洞庭湖区域，又有湖北、湖南、安徽这些区域，还有“苍梧”地带，即广西、广东这些地方。

齐国把今之山东的各小族、小国也一统而为它的领域。

最后是秦国把齐国、楚国、燕国、赵国、韩国、魏国又一一合并而成了大一统的大局面、大国家。

秦代的国土领域很广大。这时期又北逐匈奴，南降南越，北自蒙古大沙漠，南到大海；西到甘肃、四川、云南；东到大海。在这一大范围里边，到处设立了官府，以便加以统辖管理，中国成了统一大国。在这一范围里的各民族，不断互相交融、交流，

明代陈洪绶绘屈原像

秦权

语言、文字、风俗也越来越接近和同一。

我们前边所讲的各种小民族、小国家逐渐相并合的过程，到了秦代也没有停止。到了汉代，继续进行着。

汉朝把新疆、西北地区的小族、小国如乌孙、楼兰等西北三十六国并到汉的版图，今日四川、西藏部分地区的白狼、槃木、唐菆等一百多个小族、小国也并了起来，东胡、月氏全归并到汉朝大国。

三国时吴人到了那时称作夷州的台湾。西晋年代又并了今之东北的乌桓人、鲜卑人，接着又并了匈奴、羯、氐、羌、高车等族及其领域。

隋朝统一管辖两晋时的各地区各民族，派兵到了台湾，又把今日蒙古与新疆的东突厥、西突厥，在今日青海的吐谷浑，东北的靺鞨等族及地带，进一步兼并进隋朝大一统的大国内。

唐代又有新的扩大。这时的大唐国，东到大海，北到贝加尔湖以北，西到中亚的咸海，南与越南为邻。这么广大的领土，又包容了不少新进来的小民族。

元代更大得不得了。

经过明朝，到了清代，就把中国的版图进一步固定下来。清代统治者自身是满族，首先统一了东北整个地区的各个小民族及蒙古的不少地域。进而入了关，占有了北方各地，中原各地，有了黄河流域各省，有了长江流域各省，有了台湾、西藏，成立了强大的清朝王国。

中国！中国！一代又一代的中国！历史上它的地域是不断地由小变大的。

这就是我们要说的“中国”。

再说一说“中华民族”。从前边叙述历史的过程中，也就知道“中华民族”自古以来，就是许多小的民族经过相互间靠拢与融合后的整体。“中华”不是单一的民族，而是许许多多、大大小小民族的汇合。“中华民族”自最古时代，到近古，到当代，是在中国领域共同生活的各族人民的总称呼。

“中华”的源流是怎样的呢？

“中华”最古叫“华”族，或者叫“夏”族。根据古书所记载的古代传说，上古之时，古人逐水草而居，有三个大的氏族部落进入到黄河的中、下游流域。一是西方来的，以“炎帝”为首的氏族部落；二是东方来的夷人氏族部落，以“蚩尤”为首领；三是西北来的，以“黄帝”为首的氏族部落。

炎帝大部落来自陕西，沿着黄河向东而来，到了河南、山东。传说炎帝姓姜，是神农氏。

黄帝大部落自陕西北部过黄河，到了山西沿着太行山，到达黄河之滨的各地，到达了河北涿鹿地区。传说黄帝姓姬，号轩辕氏。

蚩尤，传说他是夷人，后称“九黎族”，这个大部落的首领，原在山东及东边的地域。他们自东向西前进。首先碰上了自西向东而来的炎帝大部落。双方发生了大的战争。经多年战争，炎帝失败了，炎帝部落群退到河北，就和黄帝大部落群相联合。黄、炎共同大战蚩尤。蚩尤被打败，一部分人往南方退去，到了南方荆楚的地方。从此，九黎人和南方的苗族人、蛮族人相并相合，共同居住生活下来。

北方的黄帝、炎帝两大部落群又争斗起来，大战了许多年。在河北地区，先后有三次大的战争，结果是炎帝失败。于是，这两大氏族部落群结合起来，共同开发黄河流域，创造了古老光辉的文化。

春秋时代，黄河两边的古人民自称“诸夏”或“华夏”。有时单称一字:“华”或“夏”。所以,“华夏”就是汉族之老祖。

汉族人说自己是“黄帝子孙”，或说是“炎黄子孙”，“炎黄世胄”。“华”又叫“中华”，就是这个古代传说演变出来的称谓。

再下来，中华族人从北方、从中原地域又向南去，和南迁的九黎族、苗族、各蛮族相并相合。

又向东，同东部沿海地带的夷人相并相合。

又向西，同在西方的羌族等族相并相合。又向北，同北方的各狄族人和其他各族的人相并相合。

经过各朝代各时期，长时期的各族的相并合、相融化、相会聚、相汇拢，成了后来与现在的多民族的大整体，其总称呼叫做“中华民族”。这是经过长达几千年的演进、发展而形成的。

中华！中华！具有悠久历史与光荣辉煌的中华！

世界人类最古是在帕米尔高原繁衍起来。以后，从这里分为去亚洲的、去欧洲的、去非洲的若干支。去欧洲的人，又分为雅利安人和盎格鲁撒克逊人。雅利安人，如法国人、比利时人、德国人等，其中有一支进入印度。

世界人类中，中华民族人口最多、最大。

我们再把古代中国和中华民族史的历程，表列如下：

夏——原在中国古代的西部，是羌人。自陕西到了河南、山西。

商——原在中国古代的东方，即今之山东与河南东部。

周——原是羌人。自陕西，打到今之河南、山西、山东、湖北、河北。

秦——原是鸟夷人，从山东到了甘肃，又到今之陕西，末后统一了六国（韩、魏、楚、燕、赵、齐），得到了中国本部。

汉——原在东方，自江苏北部沛县起来。打到了陕南的汉中。然后，得到了秦地。再东与朝鲜为邻，西到今新疆。汉比秦大。

三国——汉地分成了三份：魏、蜀、吴。这时，没有西域了。西域成了许多小的独立国。

晋——把三国统一起来。

南北朝——五胡进来了。北边是五胡，南边是汉人。这时期北人南下，约占北人的三分之一。

当时，北方的人口变化大。五胡人大量进到北方来。如大月氏人，他们原在甘肃，后来到中亚细亚。中亚原为大夏人。大夏人，也许是“夏”的遗族。后来大夏人和大月氏人并合了。还留在甘肃的人，叫做小月氏人。又如西夏人是后来的西藏人。

这时，北方人有一个大迁移、大混杂、大交流、大汇聚。

中国人口，自古以来，总是先自西向东来。这是因为水道流向是东西流的缘故。然后，才是一步步地又从北向南走去。①

---

① 据考古发掘提供的材料说明，到目前为止，在我国华北、华中、华南、西南、东北均发现了我国先祖活动的文化遗存。因此，对顾先生此说，有不少史学家持有不同看法。

魏晋北方民族放牧图（画像砖）

古人先是到黄河流域。之后，黄河流域的北方人，再南往，到长江流域。而原先本来在长江流域的人，又向南迁移，到达两广、贵州、云南一带。那些原先本来生活在广东、广西的人，又向南迁移，去往东南亚。

中国人口的大迁移，历史上最大规模的迁移有两次：一是南北朝时期；二是宋朝时代。

我们要说的中国古代社会，古中国，古中华，简略说说就这么些吧！

九　浅谈中国古代文学

一九六六年一月十八日　顾颉刚先生浅谈中国古代文学

中国古时的文学作品，分为两大类：一类是能够唱出来的；第二类是不能唱的。

不论是能够唱的，还是不能唱的文学作品，都又分为两种：一种是长短句；第二种是整齐的句子。

下边我们分开来叙谈。

第一，先说能唱的古文学。

中国最早的文学作品是《诗经》。这里边的古诗都能唱，大都是四个字一句，很少有三言、五言的诗篇。这是什么原因呢？因为当时唱诗歌的时候，唱得很慢。

《诗经》的诗虽然短，但可以重新再唱，反复唱，所以唱得可以长。

还有《楚辞》也是可以唱的，七字一句，句尾加个“兮”字。加“兮”字，以便唱的时候，可以把声音拖长。

再有就是汉、魏乐府。乐府可以唱，是长短句。例如，曹操作的《苦寒行》，就是可以唱出来的。举凡是“行”，都可以唱。

楚辞插图

乐府是接续了《诗经》而来的。《诗经》是采集了十五国的国风而成的。所谓国风，就是那时的一些调子、曲调。十五国，比方说魏国、晋国等，这些都是黄河流域的国，没有南方的诗篇，因为，那时不去吴国、楚国这些南边地方去采“风”。《诗经》是周朝的乐官称作“太师”的，派人到各地采风，把各地所谓的歌词记载下来，收集起来，成了一部古文学作品。

乐府的情况有所变化。汉也好，魏也好，朝廷都设有“乐府”机关。这个机关的主管官吏，称作“协律都尉”。由“乐府”机关的官员到四方去采集诗歌，记载下来，成了乐府。《陌上桑》是这时留下的。乐府中有南方的诗歌，这和《诗经》不同。在《汉书·艺文志》的目录中，有吴、楚的作品。如属于楚地“汝南”这个地方的古诗歌，在目录中就有的。看样子，那些南方诗歌同北方《乐府》的诗歌，在格律风格上也差不多。只是没有词文留下来。

在《汉书·礼乐志》中还留有一点汉的乐府，这是些在祭祀的时候所唱的歌。

在《晋书》中有一篇《乐志》，其中也记载了一些汉、魏的乐府。

乐府之下说到唐诗。唐诗也是能唱的，所以唐人的诗篇，有的叫做“五律”，有的叫做“七律”，这就是音乐。例如李白的《清平调》：“云想衣裳花想容，春风拂槛露华浓，若非群玉山头见，会向瑶台月下逢。”李白写出此诗以后，唐玄宗立即命音乐家李龟年唱出来。

又例如唐代诗人王维的《阳关三叠》一诗，也是唱的。每到送行的时候，人们要唱一唱。“西出阳关无故人……”三叠，可能是每唱到最后一句，就重新唱三回，所以叫三叠。古代《诗经》中的诗也是要重唱的。

宋代的诗不能唱了，可是宋代的词可以唱。

元代，词的调子失去了，有了元曲。这一时代的文学，主要是元曲，元曲是唱的。唱的时候，不再唱诗，也不再唱词了，而是唱元曲。

关汉卿

元时有“北曲”，主要是戏，叫“杂剧”；又有“南曲”，叫戏文。都是戏，但调子不同。

明代，这时不唱诗，也不唱词，又不唱曲。到了明的中期，在嘉靖皇帝以后，有了昆曲。昆曲是从昆山起来的，明代是全国盛行。

清代道光年间以前盛行昆曲。这时候，连北方的保定等地也都唱起昆曲来了。道光后头，有了京戏。京戏是汉剧与徽调二者合起来形成的。清末到现代，京剧普及于全国，同时各地方也都有许多地方戏。京戏如同古诗中的“雅”，是官话；地方戏就如同古诗中的“风”，是方言。

戏曲里的唱词不一样。京剧的唱词有个规律，多半是三个字，三个字、四个字组成句子。昆曲里的唱词都是整齐的字句。

“古颂”是古人在祭祀大典时唱的歌，如同今日之国歌。还有一种旁支，是只唱并不表演，不似戏曲那么边演边唱的。这种旁支自古以来一直就有。宋人陆放翁作诗，有过描写，说道：

斜阳古柳赵家庄，负鼓盲翁正作场。
身后是非谁管得，满村听唱蔡中郎。

这诗叙述了一位盲人，敲着鼓，唱说蔡中郎故事。这个故事当是《琵琶记》。蔡中郎即是汉代大文学家蔡邕。故事说，蔡邕中举以后，其妻赵五娘寻上他的官邸，他却拒绝收认。实际上，蔡邕根本没有这桩事，真是“身后是非谁管得”！

如明代有个冯梦龙，他作《挂枝儿》、《数落山坡羊》，都是这种只唱不演的文学作品。

又如南方的弹词，北方的大鼓，也都是唱的。

以上所述说的历代文学作品，都是可以唱的。

然而历来可以唱的文学品类，又可以分别一下。一是唱的时候，不用器乐来配唱的韵文。例如，唐代以后的诗作和宋代以后所作的词，还有民歌，这都是只唱而不伴之以乐器。

而另一品类，在唱的时候，又配着各种器乐，想或有个大、小不同的乐队来伴唱。这中间，如唐代的诗，宋代的词，汉、魏的乐府和古之《诗经》，唱时就都是以器乐伴唱。

总之，以上我们说的，全是同一个古代文学品类，即诗歌和戏曲等能够唱的。

第二个文学品类，说一说“赋”。

赋是用韵的文学作品，是韵文，一般认为开始于战国时候。其实，更早些就有了赋。到了战国时候，《荀子》一书中就有《赋篇》。秦代也有赋的。

汉代重赋。到了这一时代，作赋很盛行。汉代著名大赋家是司马相如。

赋这种作品，虽然不歌唱，却要朗诵出来。

据《汉书》说：“不歌而诵谓之赋。”赋是用有韵的文字，对于一件事，一个物品，铺开来描写，要加以夸大。每一篇赋很长，不只是要有韵，而且韵也常变。

到后来出现的四、六骈文，其源头来自赋。

第三种古代文学品类，是不用韵的文，散文。

古人的散文，也可以分别来说：

第一类散文，是用整齐的字句。例如《左传》，全书很多是四个字一句。这类散文，是把《诗经》的句法用于写文章。这就是文言文的初始。

第二类散文，是用不整齐的字句写文章，例如《战国策》和《史记》。所谓《战国策》，就是辩士、说客们到各国去作的高谈阔论。《史记》之后，盛行骈文。

骈文，从汉代起始，以至于唐代，都很盛行，而以南北朝时为最盛。庾信、徐陵都是骈文家。魏晋南北朝所流行的骈体文，讲究声韵、排偶，是四、六句法，要辞藻华丽，要用大量典故。可是内容空洞，不切实用。这样的文体很束缚人的思想。

到了隋代开始，就反对骈体文了。唐代、宋代出现了韩愈、欧阳修、苏轼的散文。有了所谓“唐宋八大家”。这个八大家就是：

唐代的：韩愈，河南人，祖籍东北辽宁的昌黎，所以人称“韩昌黎”；还有柳宗元，山西人。

属于宋代的：苏洵、苏轼、苏辙，这个“三苏”，全是四川人；欧阳修、王安石、曾巩，这三个人则都是江西人。

“八大家”，唐人二，宋人有六，共八人。韩愈为首，提

韩愈

柳宗元

曾巩

欧阳修

王安石

苏洵

苏轼

苏辙

倡“古文”。他们所说的古文，乃是周、秦时代的文章。周、秦文章是有什么就说什么。这种“古文”，没有描绘，不尚辞藻，写些朴实话。

韩愈等唐、宋著名文学家最反对四、六对偶的骈体文，主张改革文体，提倡以古代散文为典范，写朴素的语言。经过“八大家”的努力，终于形成写古文的风气，从而取代了专务华丽辞藻的骈文地位。

韩愈的《祭十二郎文》，破除了传统的祭文格式。在这篇文章里，说家常、道身世，充分抒发自己的思想感情，写得凄楚动人。

柳宗元写了《黔之驴》、《捕蛇者说》、《封建论》等著名文章，世世代代传下来，成为文章的典范。

唐宋八大家的文章，接近了白话文。自然这种白话文，是周、秦时的白话文，可是这却是唐宋时代的古文。八大家的散文，句子短。

写这种文体的文章，到清朝末年，民国初年，有位梁启超，他作的文章，是介乎八大家文体与现代白话文之间的文体。

现代的中国散文，不光是用白话，而且讲究文法，又进了一大步。这种新散文，应该说是从章士钊开始的。他在民国三年，编辑《甲寅杂志》，很讲究语法。

我国解放后，所通行的散文，完全是白话化，且又语法化。这就容易译为外文。

我们把前边所谈的，概括一下，已经说过的古文学，分为：

一是韵文，是配乐器的；

二是韵文，不配乐器的；

三是非韵文，即散文。

下面该谈到用方言写的文章。

第四，用方言写的文章。

用方言来写文章，是自宋代的小说开始的。写小说，在唐代是用文言。唐人小说都是短篇、文言。

苏东坡品砚图

宋代有不少的说书人。这些说书的人，首先从汴梁发展起来，再到达其他许多城市，后来又到了杭州。

说书的人，最初是说些民间传说、民间故事。他们说的时候用的是地方口语。其后，把这些说书人用方言口语所说的故事编写成“话本”。

例如，宋代的话本《错斩崔宁》和《碾玉观音》，都是很好的短篇方言小说。《大宋宣和遗事》、《五代史平话》是讲历史故事的小说。

方言小说，宋以后不断发展。

明代方言白话小说，有了长篇大部头的书。例如《水浒传》、《金瓶梅》，是用山东方言白话写作的。

《水浒传》写宋江故事。宋江是实有其人的。宋代有《大宋宣和遗事》，记了宋江故事的大轮廓。以后，从南宋以

孙二娘

林冲

明代陈洪绶绘《水浒叶子》

来，尤其是元代很多年，民间流传了许多口头故事。明代初年，江苏人施耐庵，把长期流传的宋江故事，写了一百回的小说。这部小说由于经过文人把方言口语进行了艺术加工，所以写人叙事、语言文字，都是生动而精炼的。

《金瓶梅》大概是山东人写的，用山东方言写西门庆的恶霸生活极其糜烂。该书文字颇为工细。

到清代，用方言白话写小说更有进步。例如《红楼梦》就是用的北京话。

清末有《海上花列传》，是用苏白写成的。还有招子庸的《粤讴》，是用地方韵文写成。

第五，中国古代文集。

中国古代文集甚多。文集不像春秋战国时诸子的著作，要有思想体系。所以，各种诗文都可以成集。

我国古代，朝朝代代都有著名文学家和他们的著名作品编成文集。

① 汉、魏人的文集，是后人编的。当时最大的文学家为司马相如、蔡邕、张衡。

司马相如是汉赋最著名的作家，有《子虚赋》和《上林赋》等作品。

张衡是汉代天文学家，也是文学家，著有《二京赋》等名作。

② 三国时的最大文学家是“建安七子”。“建安”是汉献帝的年号。“七子”是孔融、王粲、刘桢、阮瑀、徐幹、陈琳、应玚。

建安七子都是曹操的手下人物，是“三曹”的幕府中人。“三曹”也是大文学家，是曹操、曹丕、曹植。“三曹”的诗、赋都好。

曹操名作，如《龟虽寿》、《蒿里行》；

曹植名作，如《白马篇》、《送应氏二首》；

王粲名作，如《七哀诗》；

陈琳名作，如《饮马长城窟行》；

阮瑀名作，如《驾出北郭门行》。

建安七子和三曹的文学作品成为汉代以后到三国时期的文坛中兴，建安文学放出了异彩。

③ 晋代有个所谓竹林七贤，他们的诗文很好。这些所谓七贤，为什么要说是竹林呢？原来，这时期清谈风甚盛。这七位“贤”都是些清谈家。由于当时政局混乱，才产生了些清谈之士。他们为逃避现实，走向了坐而论道，谈玄说玄，净谈老庄哲学；但不外乎是主张“无为”，主张“心”应在“山林之中”。

这些人使人“望若神仙”，标榜“清高”、“旷达”，生活上放荡无羁。有个叫刘伶的，整天价纵酒豪饮，醉了就脱衣裸形，他说他是以天地作房屋，以房屋当衣裤。这般人终日长醉不醒，以脱衣裸体为乐。

这些清谈家，主要人物是：嵇康、阮籍、山涛、阮咸、向秀、王戎、刘伶。

但他们的诗文都很好，文学成就也极一时之盛。

晋人陶潜的诗好。他一名渊明，东晋时浔阳柴桑人，这地方就是现在的九江。他不为五斗米折腰，而辞去县令官职，归隐田园，专门写田园诗：“采菊东篱下，悠然见南山。”他是我国古代田园诗的鼻祖。他的名篇《桃花源记》，是他晚年之作，以抒写其理想中的乐园。

又有谢灵运，以用诗写山水见长。

大约在这个时代，有著名文学作品《孔雀东南飞》，这位作者，却不知谁何。

④ 南北朝时，南朝的文学家是鲍照、江淹、昭明太子萧统、梁简文帝萧纲、梁元帝萧绎、徐陵、庾信等人。

他们的骈文和诗都好，这时期的诗文都尽力写得十分美丽精巧。

昭明太子萧统延揽了一些才学之士，由他主持，编纂了一部古代诗文选集，叫《昭明文选》。一直到现在，还很著名。这部书对于唐、宋各代文学，都有很大影响。

在这个年代里，还有一部大著作《文心雕龙》。作者刘勰，山东人。他这部书是专门讲文学创作的。这部书有五十篇。对于各种文体和文学作品进行了系统深入的分析与评论。但它主要是针对骈文来进行评述。刘勰主张：文学著作，根本的是内容好，不能片面追求辞藻之华丽。另一方面，作者主张好的作品，还是应当注意文字修饰。

这部书是对西周以来的文学著述的全面总评。这书一直是大有名气。刘勰晚年当了和尚。

⑤ 隋代，隋炀帝也能作诗，但他的诗作，没有什么新创造。

⑥ 唐人，这时的文人能够自己编文集了。唐代文学有大成就、大进展。

一方面，初时有大诗人李白、杜甫和白居易的诗作。另一方面，有韩愈、柳宗元大散文家的文章革新。

李白，字太白。生在四川昌明（今江油）。[1] 这位浪漫主

---

① 校订者按：后来，郭沫若考证李白生在唐朝境内的碎叶，在巴尔喀什湖南边。这地方现今已不在我国领域之内。他五岁，随父亲到了四川。

义大诗人，也曾想过当官，说：“仰天大笑出门去，我辈岂是蓬蒿人！”结果是受到挫折。他在四方游览时，写过大量咏颂祖国山河之美的著名诗篇：“君不见黄河之水天上来，奔流到海不复回。”咏庐山的“飞流直下三千尺，疑是银河落九天”以及“蜀道之难，难于上青天”等名诗。

李白

也有些诗作是抒发思想的：“尧舜之子不足惊”，“松柏本孤直，难为桃李颜”，“安能摧眉折腰事权贵，使我不得开心颜”。

另有些是抒情诗：“李白乘舟将欲行，忽闻岸上踏歌声。桃花潭水深千尺，不及汪伦送我情。”这是谈友情的。还有思乡诗：“床前明月光，疑是地上霜。举头望明月，低头思故乡。”这些千古绝唱，至今很多人都背得。

李白，人称诗仙，他的诗

李白诗意画

对于后世影响大，留传下来的诗篇有一千首。

大诗人杜甫，人称诗圣。他的诗被当做诗史。他是河南人。

杜甫咏泰山的诗句："会当凌绝顶，一览众山小。"今日许多人都还用来鼓励自己和别人要立大志、有雄心。

他本人在长期贫困和战乱中，写了不少了不起的诗篇，如"朝叩富儿门，暮随肥马尘。残杯与冷炙，到处潜悲辛"。他写过"朱门酒肉臭，路有冻死骨"；还写过"国破山

杜甫

河在，城春草木深”；也写过“读书破万卷，下笔如有神”；还写过“为人性癖耽佳句，语不惊人死不休”，这些著名诗句，是流传古今的。

他之所以被称作诗圣，他的诗之所以被当做诗史，主要是他写下一些反映唐代战乱中人民疾苦的诗篇。这之中就有：《三吏》、《三别》。即是《石壕吏》、《潼关吏》、《新安吏》和《新婚别》、《垂老别》、《无家别》。这是他一生中的突出诗作，是古今诗坛上的不朽杰作。

杜甫留下的诗有一千四百首。

我们再说白居易。他字乐天，陕西人。这位唐代大诗家，也是写社会生活，写人民疾苦的。他的诗篇中最突出的是长篇叙事诗《长恨歌》和《琵琶行》。

他在十五六岁时，就写出了“离离原上草，一岁一枯荣。野火烧不尽，春风吹又生”这一绝好诗篇，至今常为人们吟诵。他的《卖炭翁》等作品，十分出色。白居易的诗，深入浅出，通俗易懂。

白居易

唐代还有许多著名的大诗人和他们的大量诗章，代代相传，为世代读书人和诗人们所吟诵、学习。

另一方面，唐代写文章的大名家有韩愈和柳宗元。

我们要说一位陈子昂。陈子昂在写作诗文上起了大变化。他反对南北朝时的靡靡之音和宫廷文学，提倡写自己的思想与语言，主张“直抒己见”，不必过于雕琢。自陈子昂以后，文学写作上起了大变化、大革新，成为士大夫文学，以代替宫廷文学。

韩愈、柳宗元的文章，有如陈子昂，有变革，有革新。

然而，到了唐代中期，有了李商隐等人，又变了，又写起靡靡之音来了。他们这些人，都是诗人，极力雕琢文字。

只是散文没有这个改变，还是倡行战国时代的“古文”。如像《孟子》这种古书，也是这时散文家们所倡导所仿照的文体。

唐代是我国古代文学的一个高峰时期，诗文并茂。

⑦ 宋代诗、词、文都有新进展。这时期写文章还是继续倡行“古文”，欧阳修等大名家继承韩愈、柳宗元的文风。诗也变得拙朴些，苏东坡、黄庭坚、王安石都善于写诗。

北宋、南宋文学名家很多。唐宋八大家中，宋人有六位。

欧阳修，江西人，文章写得明畅生动。他作的《醉翁亭记》、《秋声赋》，为后人传诵。

宋代，词很突出，大词家有辛弃疾、李清照。这两位大词家，都是山东济南人。李清照是古代女性中极有成就的文学家。她的词婉约动人。

陆游，字放翁，绍兴人。他是南宋大词家、大诗人。陆放翁是爱国诗人，在死前写了一首《示儿》诗：

> 死去元知万事空，
> 但悲不见九州同。
> 王师北定中原日，
> 家祭无忘告乃翁。

《窦娥冤》插图

《望江亭》插图

宋代在小说文学上，开创了白话短篇小说。

⑧ 元的文学主要是杂剧。可是元杂剧是用元人的话写的。现今我们看不大懂。杂剧必须是四折。普通所谓元曲，就是杂剧。元代杂剧，有唱词，有器乐配合，有舞蹈，有故事。

戏剧在唐代已产生，到宋代，不少地方有演戏。元代杂剧是吸收了宋、金以来的宫调发展起来的。

⑨ 明代文学又讲复古。这一代有李攀龙等人大倡复古，而且他们所要复的古，是比之韩愈等所要复的更其古。文章要学

周朝的、学先秦诸子的。这一来文章就难懂了。

明代的诗，还是唐代、宋代的老格调。

元代盛行杂剧，这时变为盛行传奇。传奇增加为可以有二十折，也可以是四十折。

明代的戏剧，用骈文，所以现今更难懂。

明代在文学上的突出成就是长篇白话小说。

明初，有一位罗贯中，根据晚唐以来民间流传的三国故事，有关三国的历史、遗闻轶事和《三国志》里的“注”，创作了《三国志通俗演义》。

四路劫法场
《水浒传》插图

还有施耐庵写成的宋江故事《水浒传》。又有吴承恩写成的长篇神话小说《西游记》。吴承恩是江苏人。《西游记》同《三国演义》、《水浒传》一样，也是根据宋代以来长期流传的民间故事，即唐僧取经的故事写成的。

此外，还有一部长篇小

说《金瓶梅》。

明朝的文学主要是有几部长篇白话小说，这是明以前的文学所没有的。我国写作长篇小说自明代开始。

⑩ 清代文章，以考据学的文章力量最大。在研究学问上，考据文章好，文章里的话都有证据。

在文学上，有孔尚任的《桃花扇》及洪昇的《长生殿》。

长篇小说有进展，有曹雪芹的《红楼梦》及吴敬梓的《儒林外史》。这两部小说，特别是《红楼梦》，影响大。自乾隆以来，研究这书的颇多。有一种叫“红学”的，就是对于这部书加以研究的专门学问。“红学”连外国也有。

还有一本《聊斋志异》，蒲松龄作，用文言写短篇小说。清末，出现了“谴责小说”。因为这种小说写得快，要赶着写，要天天登报，所以结构不好。其中以《孽海花》较好些。

清代的文章，以桐城派古文影响最大。桐城派领袖人物是方苞、刘大櫆和姚鼐。这三位都是安徽桐城人。他们是散文家。他们反对八股文，提倡韩愈等八大家古文。他们的文章，写得干净利索。清末，梁启超的文章风行一时。他的文章是在古文和白话之间的文字，读起来容易懂，生动而有兴趣。清代的诗，值得一说的是黄遵宪的诗。他是爱国诗人，在鸦片战争以后，写当时的事，很有特色。

十　中国宗教史略

一九六六年一月二十日　顾颉刚先生谈中国宗教史略

今天早饭后，顾老叙说了中国的宗教之史。这是我曾经请教过的一个题目。所以，听得津津有味。

说到中国的宗教，真正算得上是中国自己土生土长的宗教，只有道教。其他的教，都是从外国传进来的。

宗教在上古之时萌生了它的初芽。

先古时候的人极其迷信，所以那时的巫事很盛，巫者的权力很大。为什么？因为，古人对于许多风、雨、雷、电等自然现象不懂得。这就觉得神秘，无法解释，也感到可怕。还有，在同大自然斗争时，感到人力之不足，就想借天神的神力去办自己办不到的事。

商王有两个相：一叫巫贤，二叫巫咸。这两位可能不是姓巫，而是他们世代为巫。总之表明商朝时的王和人都很迷信。

孔子的时代及其以后，巫的地位才下降。巫的地位下降了，孔子才可能成为圣人。

“巫”字，是什么意思？是巫者之言，即巫者的谎言。

先古的宗教，是崇拜“图腾”。“图腾”是个外国词。从氏族社会时起，人就拜图腾。这是最早的神，其实是些动物、植物、太阳、矿物。既然动、植物也是神，就图之为画。在最古的时代，人们都相信他的祖先是出自于某一图腾。

伏羲举日

中国的龙与凤，大概都是图腾。《左传》中说：“太昊，以龙为祭。少昊，以凤祭。”太昊、少昊都是王。这里就记载了古代的王祭拜龙和凤。

商代对于祖先的崇拜最是盛行。这时的拜祖比起拜图腾来是进了一步。祭拜祖先要用三百头牛，可谓隆重至极。可是他们要祭拜的第一个祖先是图腾。

再进一步，商朝时候又相信有上帝，说天上有一个最高的神，能管理天上的许多神，也管理人间的许多人。

这个时候，也说：当代的王是上帝派到人间的代表，所以人间的王权力更大了。

又后来，人对于山、川、木、石的崇拜发展成这些也都各有它的神。山神、水神、大树的神，等等。《山海经》里记这些很多，很多是记载各地山川的神。还说是有的神好，人见了就得福；有的神坏，人见了就得祸。把神分做好的和坏的。

比如说，四川的三峡，很容易沉船。所以就出来一个“巫山神女”。是山神，还是个女神。人们乘船经过这里，要祭拜这位女性山神，以求平安渡过。

还有一位水神，是“湘君”、“湘夫人”。有一次，秦始皇到了洞庭湖，突然遇到暴风雨。秦始皇就问他的“博士”，这是什么神？博士答道：这是“湘君”之神，她原是尧帝的女儿，舜帝的妃子。秦始皇听了以后，十分愤恨，下令砍掉树木。

古代大水中，最可怕的是黄河。所以，战国时代的魏国，就用女郎来祭祀河，河的神叫“河伯”，要为河伯娶妇。有个故事说：西门豹这个人，到邺县（今河北临漳）当县令。到任以后，他听到当地老百姓说：“本地有一桩人们最苦恼的事，就是因为河水泛滥，所以县吏、乡官、巫婆就索要巨额的钱，为河伯娶妇。每到这个节日，就把百姓家长得好看的女儿，强行投到河里。”

西门豹要为百姓去掉这个灾难。有一次他到了这个河伯娶妇的地方，正看见巫婆硬要把一个少女投到河里。这时西门豹说道：“我看这个女郎不好看，请你自己到河里向河伯报告一声，说要换一个女人。”于是，他把这个巫者投进河中。接着又把乡官也投进河里。还要把县吏和其他的办事人也往河里投。大家都怕了。从此，再也不办河伯娶妇了。

这是战国时魏国的事。秦代也有这种风俗，甚至于用公主去祭黄河。这件事见于《史记》。

这些事都说明古人对于自然之神的迷信。

到战国时代，有了对于仙人的崇拜。仙是超人。齐王、燕王都想要成为仙。他们想要得到一种长生不死的药，这原本是要长期享受的想法。

秦始皇、汉武帝，都曾经派人到四海去求长生不老的药。他们听到有人告诉说：

东方的大海里有三个神山：一是蓬莱（在山东）；二是方丈；三为瀛洲。这三处是仙人岛，岛上有长生不老的药。

秦始皇派了徐市（音父）带了五百个童男、五百个童女，到东海的外国去求仙药。结果是一去未归。

这个时代，迷信又有了新的形式。

佛教是东汉初年，明帝时传到中国来的。

佛教是世界三大宗教之一，是古印度的一个王子叫做悉达多·乔答摩所创立。后来他的教徒称呼他为“释迦牟尼”。这个称呼，意思是释迦族的圣人。释迦牟尼不是印度王子的真名，只是一个尊称。

汉朝，首先有了佛教的传入。东汉明帝时，派人到印度，请了印度人来中国传播佛教。使臣是蔡愔。他和两位印度人揖摩腾和竺法兰，用白马驮着佛经和释迦佛像，来到都城洛阳。朝廷在洛阳修了白马寺。这是中国的第一个佛寺。

佛教是禁欲主义。讲究吃素，不结婚，自己此生不享受，用今生之苦换得来世之享受。

这和仙人不一样。仙人是相反的，是享乐主义的，讲究“长生不老”。前头已经谈过，求仙从战国时候开始的。

汉朝以后，战乱严重，战争频繁。人民生活，异常困苦。所以，不少人都希望着能把今生的痛苦换个来生的幸福。今生不行图来生。佛教更加大盛。这时的统治者大力提倡，崇拜佛教。因为，佛教的道理，是要人们这一辈子，无论受多大苦，多么受穷，多么受欺侮，也要忍受，以便转生到下一辈子，有个好日子。佛教有“生死轮回”之说，有“因果报应”之说，认为“人皆可成佛”，“顿悟成佛”。

这些佛理都便于皇帝的统治。南朝的宋文帝说，要是老百姓全皈依了佛，那么“则吾坐致太平，夫复何事！”

所以南北朝的统治者都极力提倡信仰佛教，佛教大大兴盛起来。例如梁武帝，定佛教为国教。他自己几次到寺院里出家当和尚，而每一次又由他的臣子们拿几万万的钱去赎他回来。

南朝宋明帝、陈后主都尊崇和尚，北朝前秦的苻坚、后秦的姚兴、北魏的文成帝都崇敬佛法，对于佛教极力支持、提倡。

南朝梁武帝时，只是南京一地，就有寺院四百八十个，和尚、尼姑有十万多。南方有的寺院，比王宫的宏丽也不差。

北魏对于兴办佛事更加卖劲。为了铸造天宫寺的一座佛像，用了十万斤铜，六百斤黄金。为了开凿洛阳龙门石窟雕造石佛，费了八十万，先后二十三年。北魏所建成的寺院庙宇有三万多个，和尚、尼姑约有二百万人。

南北朝皇帝、宰相、官吏大事兴佛的结果，佛教从这时开始，在中国南方和北方普遍发展起来。

再说道教。

道教是中国原来各种迷信者的联合。这个联合起来称为道教的本身，是为了同佛教对立。佛教先传入，道教后建立。道教的建立是在东汉末期，佛教的传入是东汉的初期。

道教是中国土生土长的宗教。它把图腾、上帝、祖先、山川等崇拜全都并到了一起，成为中国各民族原来分散零星的迷信的总体。

道教以老子为祖师。但《老子》这本书无有迷信。汉文帝、汉景帝时候，曾经崇拜老子。那个时候，只是想着“清净无为”。

创立道教的人，是东汉末年的人，叫张道陵，也就是张陵。他是四川大邑县鹤鸣山人。即是：“张天师修道于鹤鸣山。”

到三国的时候，出来一位叫张鲁，是陕西汉中人。他倡立“五斗米道”，为人治病。治一治病，要给五斗米。这个五斗米道，一时在汉中、四川一些地方传播开来。又有张角倡立太平道，在北方山东、河南、河北诸地也广泛流传。汉末的黄巾起义曾经利用过初立起来的道教。张鲁也曾自封为汉中王。

道教作了一部经，叫《老子化胡经》。化胡就是感化胡人，这里的胡是指的古印度，说是老子感化印度人。这经中讲：老子出关到印度，同印度人释迦氏讲道，自此以后印度才有佛教，说是中国道教先于佛教。佛教徒们非常愤恨，每一代帝王都要禁止这部道教经书。如今，这部经已经不全了，只是在敦煌莫高窟还留有一部完整的道经。

道教建立以后，许多农民造反都同道教有联系。赤眉起义，同它似无关系。

再后来，道教有变化。葛洪、寇谦之等人曾先后修改过道教本来宗旨。晋人葛洪，使儒、道合流，作《抱朴子》，把古代养生延年的仙方作了整理。北朝的嵩山道士寇谦之，“修张鲁之术”。他宣传过“修身炼药，学长生之术”；又制定出坛位礼拜、衣冠仪式一大套形式。

道教宣扬过“羽化成仙”，“长生不老”。又进一步把儒家的“死生有命，富贵在天”和佛家的“若有罪重之者，转生虫畜”的生死轮回说，掺杂到一起。所以，又是清净修道，服丹修炼，希望到一个虚幻的仙境仙界，长生不死；又是死生有命；又是祈求来生。

吕纯阳等“八仙”本是唐朝的人物，都归入道教。

我们还要说个拜火教。这个宗教是唐朝时候，从古波斯传进我国的。这个教的经书，现在失传了。只有敦煌石窟留存着一部。

这个拜火教的教名，叫做“火袄教”。袄是指的仙，火袄是火仙，倡言崇拜火，崇尚光明，所以又名“明教”。今天在福建泉州还有明教的遗址、遗迹。泉州在隋唐的时候，甚是繁荣，有如现在的上海。

明朝之所以叫做“明”朝，同明教有关系。因为朱元璋起义之时，其中不少的人本是信仰明教的。所以他的国号叫“明”。

再就要说到伊斯兰教。伊斯兰教来自阿拉伯，从唐朝开始传入中国。先在我国西北一带传布，而后进入内地。因为首先是在西北的回纥人当中传开的，所以中国就又叫它为“回教”。在西北各地很是盛行，及后又到了云南。

回教之中有八大门宦，就是分做八派。八派互相对立。

回教同回族是两个不同的含意：族就是回族，回教则是宗教。

回族尚勇，有这么一种说法，说是凡能杀死七个仇人、坏人的，可以升入天堂。

清朝统治者猛烈屠杀回族，造成民族仇恨极深。回教内部虽有八门宦相对立，但反抗清朝屠杀却是一致的。清代时候，西北回教盛行区域，演变成了五年一小乱，三十年一大乱。这当然是清朝统治者大屠杀造成的结果。当时，在西北一些地方“白骨塔”、“万人冢”到处都有。

接下去要说到基督教。唐朝也有叫做“景教”的，这是基督教的一派。现在西安存着一块石碑，“大秦景教流行中国碑”。这儿所说的“大秦”是汉朝人所称呼的罗马。

到了明代末年，有意大利人利玛窦来到中国传播基督教。

利玛窦首先到达广东，后来到了南京。他认识了徐光启。徐光启是明朝的礼部尚书，是大学士，但他是大科学家。

利玛窦为了传教，先结识中国的读书人和官吏。他和徐光启谈西方科学，接着就共同翻译西方科学书籍。在他来说，是为了传教，在徐光启来说，为的介绍西方科学。

他们合译了《几何原本》。这是西方数学在中国的最早介绍。以后，徐光启又有译著《勾股义》、《古算器释》等数学著作。从此，中国在原有的筹算、珠算的算法外，又有了笔算。

利玛窦和他一起同来中国的另一些人，又同中国的李之藻合译《名理探》一书。这是一部西方的逻辑学。

所以，我国在明朝，西方科学已经传了进来。只是到了清代康熙，出现了一个怪现象。康熙本人研究西方科学，他却不许在民间流传这些科学知识。康熙作为一个皇帝来说，他是既有中国学问，又懂得一些西方科学。

回过头来还是说基督教。明朝最后一个皇帝，崇祯帝的继位者永历皇帝信了天主教，皇帝的母亲亦信奉天主教。

基督教在中国，真正在民间传播开来，那是清末鸦片战争以后，发生了洋人到处强行建立教堂，有些地方的土豪劣绅又借了洋人势力用教堂来压迫人民。还有的穷人也要信基督教，是因着教堂给米。这些情形使基督教渐渐发展起来。河北省有这样的民歌：

为什么受洗，为了八斗米，
为什么信教，为了钱八吊。

受洗是信教的一个入教仪式，所以又有一个说法，入基督教是“吃教”。这当然是有的穷人信教的一个原因。

关于喇嘛教。红教、黄教。

前边说过，佛教是从外国传来的，后来又加上了中国的创造，发生了佛教的变化、变质。佛教传到中国之后，分了两派：

一曰“净土宗”，是专念佛经；二曰“禅宗”，这一支派，加入些中国老庄哲学，有思想体系，而又善辩。有时候，人们听不懂他们的话，他们就打人家一下，叫做“当头棒喝”。让你自己去“悟”，去“禅悟”。佛教在内地分出这么两派，是从唐朝就开始的。

在我国的边疆，有了喇嘛教。在唐朝，佛教传到了西藏。它和西藏本地原有的“黑教”混合了，成立了“红教”。后来，红教又演变成“黄教”。

黄教是明代初年藏人宗喀巴所创立。他有三大弟子：一是达赖；二是班禅；三是哲布尊丹巴。

达赖在前藏，班禅在后藏，哲布尊丹巴在蒙古。黄教中的和尚称为“喇嘛”，“喇嘛”是藏语，所以汉人称呼黄教为喇嘛教，黄教信奉者自己还是称为佛教。

在这个宗教当中，供有“欢喜佛”，都是人与兽相交接的佛像。这是因为西藏自古以来就认为：人不是人生的，人是人与兽相交合而生的。这是上古之时崇拜图腾的遗留。

红教许可和尚结婚，黄教不许可和尚结婚。红教从明代以后越来越少了，黄教越来越盛行起来。

喇嘛教是政、教合一的。它本身包括了宗教、政府、军队、司法四种大权。这四大权力是合一的。

在喇嘛教盛行的地带，小孩子到了年龄就要去当喇嘛，就好像到了年龄就应当去读书一般。所以，凡是一家有两个孩子，就送一个去当喇嘛。若是一家有三个孩子，就送两个孩子去当喇嘛。当然这么一来，这些地区人口的繁殖，也受到影响，繁衍很差。因为，当了喇嘛就不许再结婚。

此外，在青海等地还有“白教”、“花教”，是喇嘛教的支流。白教同黄教有些小的不同。

中国宗教的简略情况，就说这么些吧！

十一　中国哲学史略

一九六六年一月二十二日　顾颉刚先生略谈中国古代哲学史

顾先生今天谈了古代哲学思想发展史。这个题目很大，有不少哲学家、哲学史学家，终生研究这一专门的大学问。中国这个世界文明古国，它的哲理有着悠久的发展历程。中国古哲理，在世界文化库藏中，极其光彩斑斓，为全世界学术界所注目。我一直兴趣盎然地聆听着顾老的谈述，并仔仔细细记录下来。

中国哲学史，有不少专门著作家有专门的精深著述。我们作为一次短谈，只谈谈大略。

古代的哲学思想，最初有周代的周公说“德”字，在周代以前根本就没有这个字。郭沫若发现这个“德”字是从周公才开始有的。

古代的“刑”字是说坏的、强暴的、打人、杀人的意思，而“德”字是说好心好意地对待别人的意思。

“德”后来发挥成为“道德”这个词，有了伦理观念，要讲究做君、臣的道德；讲究做父、子的道德；做兄、弟的道德；做夫妇的道德；做朋友的道德。这就是五德、五伦。古人以为凡五伦好的，就是道德好。这样的讲究，已经同周公所讲的“德”又不同了。

“道”字，古人所论的“道”，乃是循天地的“道”，例如春、夏、秋、冬。这个道字的含义，是我们现今所说的“规律”这个字眼儿。

老子最早提出“道”来，他说：“有物混成，先天地生……吾不知其名，字之曰道。强为之名，曰大。”老子的“道”，是“天”，是“一”，是“大”，是先于天。

老子

老子，称老聃。他和孔子都是春秋时的人，做过周的史官，后来回到他的家乡退隐。

他家在楚国苦县，今之河南鹿邑。著有《老子》一书，是用民间谚语写成的，是韵文诗，共五千字。《老子》说了不少哲理，如："有无相生，难易相成，长短相形，高下相倾，声音相和，前后相随。"又说："反者，道之动。"

老子以后，有庄子继承他，成为"老庄哲学"，在中国古代哲学史上影响很大。

《诗经》里有一篇《烝民》。烝民的意思是众民。诗中云："天生烝民，有物有则。民之秉彝（彝，是说的则，法则），好是懿德（'好'即喜欢。'懿德'，即好的德）。""民之秉彝"一句意思是人民秉承着天的法则。"好是懿德"一句意思是喜欢好的德。

所谓"天不变，道亦不变"，这是汉朝儒家董仲舒说的。他所谓的"道"乃是永恒的。他认为天是不变的，道永久不变。这个说法是错的。汉朝人，还主张"天人相与"，这是司马迁说的。这个说法是要尊天的。董仲舒还说"天人合一"。

在这些之下，有"阴阳五行"说。

这一思想在春秋时就有的，到了战国时代更有发挥，其后还有发展。讲灾异，说是若是人违背了天意则降灾。这种阴阳五行家，以为天有意志。比如日蚀，古时以为这是了不得的大事情。出现了日蚀，皇帝要赐丞相以死。因为，那时候的丞相有责任要燮理好天地阴阳。如若你丞相办不好，就赐你死去。汉成帝的丞相翟方进，就是因为发生日蚀，以致丧命。汉宣帝的丞相姓丙名吉，不问政事，只看天。有一天，他见到牛喘，说着："春日牛喘，表示阴阳不调。"这种看天、说阴阳凶吉的事是他的职责。

古时丞相，如同巫者。

在汉代以前，有"月令"，就是天子命令老百姓在每个月之中所要作的农事。如果发生了天变，有了自然异变，这时候群臣要向天子上奏文来劝谏他，而天子也要下罪己诏。

古时有一个主张：定名分。要定出君、臣、民各人的地位。说这些都是天定的，永远不能超过自己被天所定的地位。

所以，汉代大儒家董仲舒等人提倡：

第一条，"定名分"。其实在春秋、战国时代就有了。孔子就有"定名"之说，说过君君、臣臣的话。战国时又有"名家"，如惠施和公孙龙就是名家的代表。

第二条，"安命运"，也就是安天命。儒家主张有天命。墨子非命，他不同意儒家所讲的天命。

第三条，"守常法"。常法，就是自古以来的法，古代皇帝的法。这些古法都是绝对的，必须完全要守的。

宋代的王安石倡言“变法”，他说：“天变不足畏，祖宗不足法，人言不足恤。”王安石遭到当时儒家的反对。

“天人相与”，是从战国时代阴阳家开始提出来的，阴阳家的代表人物是邹衍。这是儒家的变种。

邹衍有阴阳五行的“五德终始”一说。他把人与天、人与神沟通起来，把历史的演变、帝王的更替、朝代的兴衰都看做是天意，天的安排。天有黄、青、白、赤、黑五色。每一朝受一种“德”的支配，每一种德又有盛有衰。“五行”是金、木、水、火、土。“五德”就有：金德、木德、水德、火德、土德。各朝代就分成了：

虞代是土德，其色尚黄；夏代是木德，其色尚青；商代是金德，其色尚白；周代是火德，其色尚赤。到了汉代，五德轮换变化，依了次序，汉代该当是土德，颜色尚黄了。

战国以后，发展到了汉朝，董仲舒进一步把邹衍的“天人相与”、“五德终始”上升到“天人合一”的神学。他更明确地提倡上述定名分、定命运、守常法三大条。

董仲舒的中心思想是：“天不变，道亦不变”，以为人世间的一切是永恒的、不能改变的，就如同天一样。

东汉初，佛教传了进来。佛教也是要人们受苦，要服服帖帖的。

儒家和佛家，开始时是有冲突的。南北朝时代，南朝有一位名叫范缜的人，是南齐、南梁的臣子，当过太守、尚书左丞的官。此人是河南人。那时，皇帝拼命提倡佛教，搞得举国若狂。范缜公然提出了无神论。他曾同一位佛家的王子——竟陵王萧子良进行激烈辩论。他又针对佛教的“神不灭论”，写出了《神灭论》一书，逐条批驳所谓的神不灭。他写道：“形者神之质，神者形之用”，所以，“形存则神存，形谢则神灭也”。就是说，在人体以外，并没有另外的精神。他公开反对佛教的“神”，说一个人如同一把刀，其灵魂如同刀的刃。刀子没有了，刃自然没有了；人死了，灵魂也自然没有了。

范缜的《神灭论》，引起了天子及其群臣的反对，历史记载说：“此论出，朝野喧哗。”梁武帝信佛，下诏骂他：“违经背亲。”后来借故把他流放到边远的广州，那时的广州乃是岭南蛮荒之地。

儒家、佛家的冲突，到唐朝还在继续。唐代大儒韩愈反对笃信佛教的唐宪宗把佛骨迎接到朝廷里（现在各佛塔都有假的佛骨）。韩愈谏宪宗皇帝说：从来没有哪个皇帝，由于信仰佛教而得到长寿的。佛要寂灭，要解脱生死之苦，而皇帝要长生。

唐宪宗大怒，他把韩愈下放到南方边远之地的广东，做潮州刺史（如同知府）。因那里瘴气重，韩愈得了病，快要死了。碰巧宪宗死去，韩愈才被赦回来，险些丧了命。

韩愈文章中，大辟佛教的篇章很多，可多半是批评中国人的信仰。至于说到佛经，他也不懂。他对于中国因信佛而大造寺院、大量浪费财产是反对的。他说：

“人其人（要和尚返回来还做个民人），庐其居（把寺院给民人居住），火其书（烧掉佛经）。”

韩愈写了《原道》，“原道”，就是要以原来中国的道反对佛教的道。这篇文章说：“道其所道（佛道仍是印度的道）非吾所谓道也（那不是中国的道）。”

唐时佛教极盛，一般儒者，也是信佛的，但韩愈等大儒，则反对佛教。

唐朝和五代时候，佛教和道教都极盛行，道教的最盛期是宋代。

在五代时，有个道士叫陈抟（音团），在道教中是个有学问的人，创造了太极图。

太极图的意思是阴阳互相消长，“阳最盛处（也是时候）即阴之尾部（最小）”。

这个太极图的含意和汉代的阴阳五行说相衔接。这还是循环论。他们主张：“君子道长，小人道消”，所以应当“扶阳抑阴”。以为“女子是阴，应扶男阳”，“君子为阳，小人为阴”，把小人和女人看做一样属于阴，应当加以抑制，于是夫权愈盛愈高。

今天只谈这些，明天再说。

一九六六年一月二十三日　顾颉刚先生继续谈中国古代哲学史——关于宋代理学

中国到宋朝时期，有了三个教：佛教、儒教、道教。就是说，宋代的儒家成了宗教——儒教。就是继佛教、道教在东汉流布以后出现的事。宋王朝尽力提倡：“三教之设，其旨一也。”

在这个时期，全国各地到处有佛庙，有道观，有孔庙。唐代以后，孔庙遂普及于天下。

宋朝的儒家思想，同已往各代又有不同。既接受儒家的经典学说，又更加发展了封建思想。例如，“饿死事小，失节事大”。这里是专指女人而言。宋以后，凡三十岁以下的女人，在死了丈夫以后，都不得改嫁，给她立贞节坊。

又如，“天下没有不是的父母”。再有“君叫臣死，臣不得不死。父要子亡，子不得不亡”。于是君臣、父子、夫妇各种等级差别极其严格。

宋代儒家有五个代表人物：

一是周敦颐，北宋时湖南道县人。他作了一部《通书》，发挥太极图的意思。

二是程颢，北宋时河南洛阳人。

三是程颐，和程颢是兄弟，故称二程。他们都是周敦颐的学生，著有《二程遗书》，也发挥太极图的意思。

二程提出了“理”、“天理”、“心”、“性”和“人欲”，用这些哲理上的新说法来阐释儒家思想。程颢说：我学虽有所接受，“天理”二字却是自家体认出来。他们把三纲五常当做“天理”。程颢说：“父、子、君、臣，天下之定理，无所逃于天地之间。”

四是张载，北宋时陕西眉县人，著有《西铭》。这书讲道：“为天地立心，为生民立命，为往圣继绝学（即已经断了的学说），为万世开太平。”又说道：“民吾同胞，物吾与也”，这乃是主张一切平等，来自于佛教、佛经。他提出“无欲”，说“能使无欲，则民不为盗”，还提出了“太虚即气”。

以上四人都是北宋人。

五是朱熹，南宋人，原籍安徽，但生在福建。

朱熹继承了上述周敦颐、二程、张载四人的说法。写过一本《近思录》，集中了上边四人的思想。

他又更多地吸收了佛教、道教的思想，提出了“天地之间，有理有气”。

“理”是什么？朱熹道：理“超然于万有之上，广大无边”，是无所不在的。他又说“理”也就是“仁、义、礼、智”。认为“未有君臣，已先有君臣之理”，这个意思是说三纲五常之理，在人间有了君臣、父子、兄弟、夫妇之先，早就有了，是先天就有的。而且理是永恒的，他说：万一山河大地都陷了，毕竟理却是在这里，“纲常万年，磨灭不得”。

朱熹认为人性中有“天理”和“人欲”的矛盾，“天理”是善的，“人欲”是恶的，所以要“存天理，灭人欲”。

朱熹关于知与行的问题提出主张，以为：知先于行，行重于知，知行为一。

朱熹把《论语》、《孟子》、《大学》、《中庸》编到一起，叫做“四书”。他写了《四书集注》。这是一本对于儒家经典的解释书，成为宋、明读书人的教科书。

程、朱理学在宋、明、清三代数百年里，有很大影响。

朱熹还作了《小学》，是说年轻人应当学些什么。又有《家礼》一书。他把他的思想、著作，规定在教育里边，要人们从小到老始终遵守。

宋代的伦理观念起于儒家，宋的太极学起于道家，宋的禁欲主义同静坐修心起于佛教。宋人把三教混合起来，宋代大儒把三教合一，倡导每天都静坐，以便把“性”、“理”认识清楚。

程颐有一个学生叫杨时。有一天，杨时看见老师程颐正在静坐，就不敢进门，等候在门外。等到程颐静坐完毕，自己可以进门的时候，大雪已经下了一尺厚。

程颢

“性”、“理”是宋儒的中心思想。所以说上述周敦颐、程颢、程颐、张载、朱熹五人，叫理学家。

程、朱理学家认为，人在动时就忘了本性和天理，人在静时，就能够恢复本性和知道天理。所以，宋儒依照佛法每天要静坐。

在战国时代，就讨论过“性”，就是讨论人性。孟子主张“人性善”，人性中有仁、有义、有礼、有智、有信。人是好的，所以坏是因为“习”，是人从外面学来的。

荀子主张“人性恶”，要刻苦修善，才能去恶从善。

告子主张人性无善无恶，善与恶原是人在社会行为当中分别出来的；在这之先，并没有善或恶。

这些就是战国时代关于“性”的不同主张。对于人性的论述，存有分歧。

到了西汉，儒者以为人有的本善，有的本恶。这就是说人的善恶先天就有。

唐代哲学思想上，关于“性”的说法无有大变化，是随着佛教的说法。

宋代因袭了孟子学说，主张人性善，由于为物所引诱，才堕落为恶。

以上是说宋代的“性”及其演化。

“理”就是“天理”，宋人大大提倡。但在战国时候就对于“理”有了论述。那个时期说过“人心惟危，道心惟微”。这个“道心”，就是合乎天的心，是很小的。所以，应当克制人心，发扬道心。汉朝人把“五行”之说注入到“天理”当中。

宋代儒家说：“栽培心上地，培养性中天”，就是在静坐时，把人心克制住，从而发扬起“道心”。

宋朝理学家认为，凡“人性”应当合乎“天理”。凡“天理”都是好的，是绝对的。凡人欲是极坏的，宋朝理学家不要人们有任何要求。他们要人们去静坐，静坐时要“入定”，入定时就忘我，此时才能“天理弥漫”。宋儒这样讲下去，就形成了人们不能做任何事了。

宋儒又注意《中庸》一书里的一些有关的思想而加以发挥。《中庸》里讲：“喜怒哀乐之未发谓之中，发而皆中节谓之和。”这里所说的“中节”就是恰到好处。其所说的“和”，就是平和的意思。这就是说，人不能过喜、过怒、过哀、过乐，过了头就都不对。也就是说，不发不行，发过了头也不行。

《中庸》里又讲了中庸之道，说：“君子中庸，小人反中庸。”“庸”说是用，中庸就是中和。意思是说：从中处用之。大意是：把两个极端加以折中。

《论语》一书记叙了孔子，说他是“威而不猛，乐而不淫（淫是过分），哀而不伤”。都是说适中。

《中庸》一书的主旨，讲“中庸之道”。前几章里讲“中庸”，到后几章，讲“治国”、“平天下”。中庸思想是儒家的中心思想。

宋人发挥了《中庸》的一些话，说：喜、怒、哀、乐，未发时都善，凡是发出的都坏。所以，他们成了空谈心性，“不为事功”，不做什么实际的事，只是空谈，因为一做就错，一发就错。这和战国时代的中庸思想有了不同。这时，根本不要人做什么事，根本不要人有任何的喜、怒、哀、乐。战国时的中庸思想并不这样，那时只是要取个“中”。

理学家开始形成于宋代，也叫做道学家。《宋史》中有《道学列传》，把理学家们一一列了进去。

理学在明代是至盛时期，到了清朝又纠正了。

一九六六年一月二十四日　顾颉刚先生继续谈中国古代哲学——明代理学

明朝有了王阳明的理学。

王阳明，就是王守仁，浙江人。他曾在绍兴“阳明洞”读书，所以人称阳明先生。

王阳明曾经学习与继承了宋代儒家与理学的著述，但他又加以变化和发展。他学过宋代陆九渊的著作和思想，也学过朱熹的著作和思想。他知道朱熹“格物穷理”的论说，朱熹以为一草一木都包含有“至理”，必须一个一个地“格尽”天下之物，才能体会到“天理”。王阳明在年方二十多岁的时候，就曾认认真真地“格”过。他先是去“格”竹子，从早到晚对着翠绿的竹子，冥思苦想，一连“格”了七天七夜。他一无所得，反而病倒了。自此以后，他想：一竹之理，尚不能“格”，怎么去“格”天下之物？于是他转而去研读佛经、道经。同道士谈养生，向和尚问禅机。再后来，他到阳明洞去静坐修道了。他的哲学掺和了不少佛学、道学的思想。

王阳明

王守仁的哲学，主要是提倡“良知良能”。他说人有天然的知和天能，不要故意造作。

王守仁认定：人有“初一念”和“次一念”。初一念是好的，次一念是坏的。初一念是为人的，所以善；次一念是为己的，所以恶。

他的论断是：初一念是“良知”；次一念非良知；所以“知行合一”。不要以利害念压是非念，初一念为是非念，次一念为利害念。

他讲人有“良知”，要“致良知”。

关于“良知”、“良能”，其实，早在战国时代，孟子就已经提出来了。孟子说：“人之所不学而能者，其良能也；所不虑而知者，其良知也。”到了明代，王阳明尽情地发挥了。

“良知”是人的初一念，是天生的。王阳明以为，人见了父亲，自然知道要孝；见了兄长，自然知道要敬；见到小孩掉进井里，自然有怜悯之心要去救出来。这都是初一念，都是天然就有的意念，是不学而有的。这些“初一念”所发出的行为，是“天能”、天然的，不必学的“良能”。

这些“良知”，包括了：父子之间有亲，君臣之间有义，夫妇有别，长幼有序，朋友有信等等三纲五常的观念。“良知”中自然也包括了：人都有恻隐之心、羞恶之心、谦让之心、是非之心。这些都是与生俱来的“良知”、“良能”。

王阳明的“致良知”：

他一方面认为“良知良能，愚夫愚妇与圣人同”，是人人一样的。另一方面，又说“愚夫愚妇”们的“次一念”太重，“利害念”太多，个人的欲望太大，所以不能保持“良知”。这样就提出了如何才能保持“良知”问题，这就叫“致良知”。

王阳明的“致良知”的办法，就是要“存天理，灭人欲”。就是不能用“次一念”去压倒“初一念”。不能用利害念去压倒是非念；不能用恶念去压倒善念。要把个人的私欲去掉了，方可保住“良知”。这就是“致良知”。

王阳明的“知行合一”：

王阳明不赞成朱熹的知先行后说法。他认为人的知与行是合一的。他说：“知是行的主意，行是知的功夫。知是行之始，行是知之成。若会得时，只说一个知，已自有行在。只说一个行，已自有知在。”

他说：知而不行，只是未知，好比说，某个知孝，某个知悌，是指的这个人已经行了孝，行了悌。所以，知与行不能分开。

他说：一念发动就是行。

王阳明著作《传习录》。这是别人把他所传所述的，记录下来，整理成的书。王阳明自己不著书，他只讲书，别人把他所讲的，记录编写。

王阳明劝人家不要读书，只能静坐。这样才能恢复良知、良能，才能“致良知”。

王阳明这一派人同佛教的禅宗派相结合，所以人称王阳明为“狂禅”。

关于李贽的哲学思想。

李贽是王阳明的后学，福建泉州人。他做过官，又进过佛院，落了发，过半僧半俗的生活，同和尚们一起研读佛经。他学过王阳明，后来又不同意王阳明，甚至于反对王阳明。

李贽很有思想，敢说话。他著有《藏书》，就是不让人看的书，还有《焚书》，在明代曾一时很流行。不少人是“全不读四书五经，而李氏《藏书》、《焚书》，人挟一册，以为奇货”。

他批评了道学家，他说他们“阳为道学，阴为富贵。被服儒雅，行若猪狗”。表面上不讲利和欲，内心里甚至于想去偷人。满嘴的仁、义、道德，一肚子富贵荣华的欲念。那些讲道学的人，都是些没有才学的人。他们只会打躬作揖，正襟危坐，活像泥胎。

李贽是第一个起来反对孔子的人。他说：今世道德，都是孔子的道德，不是我的道德。他写了一篇《赞刘谐》的文章，文章说有人自称是“仲尼之徒”。这个孔门弟子认为“天不生仲尼，万古如长夜”。有一天，这人同刘谐其人说起这一套话来，刘谐对他嘲笑道：你说“天不生仲尼，万古如长夜”，怪不得在孔子以前的时代，在伏羲氏以前的上古时代，那时的古人都是在白天也要打着灯笼走路的呵！

李贽提出不能以孔子的是非为是非。他也贬低“六经”这些儒家的传世经典。《论语》是孔子的言论集，《孟子》是孟子的言论集，李贽都加以批判。他以为这些书，不过是假道学们的饭碗。

他敢于发挥自己的见解。他有不少反封建的思想，如主张男女平等，要打破男女界限，女子也可以出门去做事，女子和男子有同等能力。

他认为君与臣是平等的。父与子是平等的，夫与妇是平等的，有了许多平等思想。

宋代理学要“定名分”，李贽的理学要破名分，已经不完全是宋代理学了。可是李贽的思想总体，仍然还是王阳明的。

李贽曾批注过许多书，如《水浒传》，他就曾经作过批。

李贽的思想和行为，被明朝皇帝知道了，在万历三十年，当他七十六岁时，遭到宫廷逮捕，罪名是“纵淫勾引”。在狱中，他自杀死去。李贽的哲学思想，到了清朝，朝廷仍加以禁止。

下面我们把宋代理学同明代理学作一番对比研究。

宋代朱熹同明朝王阳明都是讲理学，有其相同处，但也有其不同处。

朱熹拘谨些。王阳明则胆子大，敢做事。王阳明曾经平了宸濠的造反。宸濠是明朝皇家的贵族，封在江西，为宁王。在明正德年间，宁王造起反来。王阳明正在这里当巡抚，是个有兵权的大官，他就带兵平定了这次叛乱。

朱熹主张讲礼节，王阳明就反对。他在许多方面向朱熹立异。本来宋代理学家，就分为朱熹一派，陆九渊一派。王阳明继承了陆九渊的一派。

陆九渊和朱熹同是宋代人，是同时的人，是朋友。也都讲理学，但他们两人的哲学主张不一样。例如，朱熹劝青年人要读经书，陆九渊则劝青年不要读经书，他说：六经都是我的注脚。那些不过是我的学问的一些解释，没有什么高明地方。他批评朱熹的学说，是支离破碎的做功夫。

对于《大学》一书，他们两派之间，看法有矛盾。《大学》这部经书，讲格物，讲致知，讲诚意，讲正心，讲修身，讲齐家，讲治国，最后讲平天下。这些内容，就是按这样的先后顺序排列的。就是说，你要先格物，才能致知。有了格物致知之后，方能做到诚意，才能去正心；有了诚意与正心，才能说到修身，才能齐家；有了修身、齐家，这才能够去治国、去平天下。

一切须从格物做起。“格物”是什么？“格”字是什么？“格”的古意还很难明白。《大学》一书里的“格”字，是至的意思，是到达的意思，即是研究的意思，是去的意思，是排斥的意思。

朱熹以为“格物”，是至的意思，即是研究它，是“穷理”。陆九渊以为“格物”，是不可知，不是要去知，而是要排斥它，排斥物。他主张“去物”，只有“去物”才能“知心”。他说道：“先务其大者，再务其小者。”所谓大者，是心；所谓小者，是物。这就是陆九渊对于《大学》，对于“格物”致知的主张。

陆九渊、王阳明同朱熹学派是对立的。这种对立自宋代起，一直延续到清朝。但是，朱熹、陆九渊、王阳明都是理学家。宋、明两代理学家们的共同处是：求其本性，要把人的内心当作第一位的。

朱熹注解各儒家经书，研究各门学问。他做学问很刻苦。

前面，我们讲的明代哲学，明朝的理学，王阳明的“良知”、“致良知”、“知行合一”，也讲了李贽思想。

好！该说到清代的哲学思想了，明天接着谈。

一九六六年一月二十五日　顾颉刚先生继续谈中国哲学史——清代哲学思想

清朝时候，皇帝信奉宋代的程、朱理学，主张定名分。在雍正皇帝的嘴头上，就常常叨念着“不合天理”。所以雍正常杀人，非常严酷。

这时有一位大儒家戴震，安徽人，此人写了一本书《孟子字义疏证》。他用训诂疏证儒家古经典的方法，来发挥自己的思想。他假借着孟子，以便说他自己的见解。在这本书中他说：“人死于法（而法是人定的），尚有怜之者，死于理（‘理’，就是‘天理’，是皇帝假借的），谁复怜之！”他明确地反对“理”、“天理”，反对程、朱的理学。

戴震在《孟子字义疏证》中还说过：“道心在人心之中。”他认为，圣人就是要人民有合适的欲，有饮食之欲，有男女之欲。人不能没有这些根本的欲望去求道，人是不能超出根本欲望之外的。

清朝皇帝虽然信仰程、朱理学，可是清代大儒反对理学。

有些大儒提出“礼—理论”。其主张是，汉学家讲的是古之“礼”，宋人儒家讲的是“理”。应当怎样呢？应当讲作“礼”，而不要讲作“理”。这么一说，也就打掉了理学家。

讲礼，“礼”——是封建道德，这是封建社会早期的思想。

讲理，“理”——是封建道德思想，是封建社会后期的思想。理学家更凶一些。

清代儒家又有人说：“圣人不离事而言理。理即事之中。”这些说法都不是宋人、明人所说的“理”，而是相反的新说法，理是指的人间的事理而非“天理”。

清代大儒黄宗羲、顾炎武、王夫之（船山）都反对宋、明理学。如顾炎武写道：“言心言理，舍多闻而识，以求一贯之力，置四海困穷不言，而终日讲危微精一之说。”很明白，他认为程、朱理学、心学，是不管四海穷困的一派胡言。

黄宗羲
采自清代《于越先贤像传赞》

王夫之，湖南人。因为他晚年住在衡阳的石船山之下，一些人尊称他叫船山先生。他批判“道之大原出于天，天不变，道亦不变”的说法。他认为“据器而道存，离器而道毁”，“道在器中”。这里的“器”是物，器物，物质。道也好，理也好，都在物质之中。王船山反对程、朱的“天理”之说。

王船山也反对宋、明理学的“去人欲，存天理”的说法。他提出：“人欲之各题，即天理之大同”，反对灭人欲。以为只有人对生活的欲望得到满足，这才叫有了天理。

关于知与行，王夫之也反对程、朱、王阳明的“知先行后”、“知行合一”的说法。他以为“君子之行，未尝离行以为知也”。知是离不开行的啊！他又说：“行可有知之效。”只有行动，实际去做了，才能看到“知”的实效。

总而言之，清代皇朝继续宣扬朱熹、二程的“天理”说，普通儒者也跟着皇帝走。但著名大儒却反对宋、明理学的，他们的哲学思想更前进了。

在中国古代哲学思想发展史上，长期占统治地位的是儒家。我们可以把儒家的各个时期的哲理，再概要说几句：

第一，我国春秋时期，儒家创始人孔子的思想主要是想恢复周朝的等级制度。

第二，到了战国时期，孟子这些人不再是要周朝的制度，而是要“王道”，要实行理想中的王道，不再搞春秋时期的霸道。

例如，对于管仲这个人的评价，管仲要齐桓公挟天子以令诸侯。孔子认为管仲好，孟子以为管仲不好。

孟子要王道，是得民心的。孔子与孟子先后相距一百多年。他们所处的时代不相同，战国时期需要统一，需要集中。这时各小国之间，已经互相通商。

第三，孟子主张实行小农制。他说："五亩之宅，树之以桑，五十者可以衣帛矣。""百亩之田（那时的百亩，相当于今之三十亩），勿夺其时，数口之家可以无饥矣。"人死以后，把这些田地交给国家，然后再重新分配。这样，就永远没有穷人。

到了后来，秦、汉时代，实现了大统一。这时候就发生地主兼并土地，有了土地大兼并，就有了大地主。

但是，在这以前，在春秋时期，是不能自由买卖土地的。只能赏赐土地。对于土地，人们只能使用，只有使用权，没有所有权。

那时的齐国，是商业区，人们可以去买地。在战国时候，就可以买土地了，于是有了小地主。《周易》一书记载说："不事王侯，高尚其事。"有了这样的人，表示战国之时，已经有了小地主。

孔子的想法，要恢复周制，是落空了。孟子的想法，要实行小农制，是落后了。

孔子对于农民是轻视的，以为农民是小人。他的学生樊迟向他请教学稼（学习种田）。孔子答复他：“我不如老农。”又向他请教“学圃”（种菜），他答复说：“我不如老圃。”所以，有一回孔子走到楚国，派子路去问路。这时楚人评论孔子是“四体不勤，五谷不分”。

子路比孔子小九岁，是孔子最大的弟子。他对孔子曾有不满。《论语》上说：“子见南子（南子是卫灵公的妻子），子路不悦。夫子矢之曰：予所否者（如果我有了过错），天厌之，天厌之。”

《史记》中又记载了另一件事。在《仲尼弟子列传》中，说子路穿戎装，头戴野雉毛，腰悬宝剑，去见孔子。服装与神色很不尊重。孔子说服了子路。

秦汉时期，皇权是建筑在大地主的基础上，所以，这时期的儒家思想是：一切为皇帝服务。这才产生了董仲舒的思想。这时候董仲舒提出了“天不变，道亦不变”，说皇权是天授，永世不变。汉代罢黜百家，独尊儒术，不是偶然的，是皇帝、皇权所必需。汉代儒家吸收了阴阳家的思想。

第四，儒家吸收了释家、道家的思想，实现了儒、佛、道三家交合。这是宋朝的情况，朱熹等人就是代表。

宋朝提倡“三纲五常”特别积极。“三纲五常”的思想，孔子时已经初步提出了君君臣臣的话。战国时，韩非也说过：“臣事君，子事父，妻事夫……此天之常道也。”

到汉朝董仲舒提出“三纲”。他以为“三纲”乃是“天意”：“王道之三纲，可求之于天。”

宋朝极力倡行“三纲五常”。“三纲”是什么？是君为臣纲，父为子纲，夫为妻纲。这就明白地规定了君王与臣子之间，父与子之间，夫与妻之间的等级界限是绝对的。

所谓“五常”，也还是君臣、父子、夫妇、兄弟、朋友之间必须遵守的规则。这就是儒家的“纲常名教”，即关于封建皇权、封建族权、封建夫权的五项基本法则。

三纲五常在汉朝时虽然就已经建立起来了，而宋朝的提倡实行最严。所以，这个时代儒家的思想最是束缚人。

第五，到了明朝，儒家王阳明，继承了宋时的程、朱理学，同时又改变了宋的理学。明朝时候商业有了更大发展，社会面貌与宋不同了，社会思想有些演变。

李贽，是泉州人。而泉州是个大商埠，那时泉州是与外国通商的地方，所以，在李贽的头脑里，就有些新思想。例如，李贽说：不能以孔子的道德为我们的道德。

总而言之，明代的理学家稍稍比之于宋代理学家敢想些，敢说些。

明朝儒家较之宋朝儒家的思想束缚要松了些。

第六，清朝儒家打翻了理学家。但发展了“礼”，讲古人的礼，主张不要秦汉以下各朝的礼。

清代的普通儒者，只是谈谈古书而已。一般的缺乏新思想。到了鸦片战争以后，一些有知识的儒者，才有了些新思想。这时就有康有为、廖平这些代表人物。可是康有为、廖平立孔子为教主，以孔子为纪元，崇拜孔子。

最后，到了民国时期，提出了“打倒孔家店”。第一个站出来喊出这个口号的人，叫吴虞。吴虞是四川人，他在“五四”运动后的《新青年》杂志上，发表了文章《吃人与礼教》。吴虞的这一思想来自明代的李贽。

儒家思想支配中国人的思想有两千多年。其间，各代都有演化，一代一代各有不同。总起来可以统而言之，叫做儒家。中国封建社会统治阶级的哲学思想，一直在儒家、儒教的控制下面。

中国悠久的历史长河中，在哲学思想上，儒家思想虽说占支配地位，但是受佛教释家的思想影响很大，受道家的思想影响也很大。

十二　中国历代京都和北京小史

一九六六年一月二十六日　顾颉刚先生谈中国历代京都和北京小史

今天下午，我们香山疗养院的全体疗养人员在饭厅里，听顾颉刚先生讲北京的历史。我们这些听众，都是从北京医院转到这里来疗养的病号。这些病号、这些听众当中，有画家吴作人，佛学家并诗人赵朴初。其余大多数人都是中央各部的老干部、老党员。这时，人们像学生一般坐在凳子上听讲，顾老站在一个小黑板之前，还张挂了一幅他自己画的北京城图，他在讲说北京建都史。当场作笔记的少，多数人都兴味盎然地静静听着。

我现在（一九八二年二月二十七日）打开蓝皮书，这个十六年前的笔记本上面，在记叙北京史的前面，记载着“历代京都”。我回想这乃是顾老同我个人之间的一次谈话。我把这次所谈的，整理一遍，并按顺序放在北京史之前。

西汉彩绘骑兵俑

中国古时历代京都，表列如下：

夏朝——在河南洛阳。

商朝——在河南安阳。

周朝：

西周——在陕西西安，又以河南洛阳为陪都。

东周——迁都到河南洛阳。

秦朝——在陕西西安。

汉朝——西汉在陕西西安；东汉在洛阳（秦、汉把西安定为京都，是因为西安这地方，易于防守。它容易被西北来的敌人所攻破，而不易为东南来的敌人所攻破）。

三国：

魏——在河北的临漳和河南的洛阳（以河北的临漳为都，是因为这地方的地势高）。

吴——一在南京，二在武昌。

蜀——在四川成都。

西晋——在河南洛阳。

东晋——在南京。

北朝——北魏在洛阳；北齐在河北临漳；北周在陕西西安（洛阳古城，先后在这里建作京都，大致有一千年）。

南朝——南朝各皇朝的京城全在南京，包括：宋、齐、梁、陈。

隋朝——在陕西西安，隋炀帝迁都到河南洛阳。

唐朝——在陕西西安（西安古城，先后在这里建都一千年。唐代又把河南洛阳作为陪都，称为东都、神都。武则天做皇帝在洛阳）。

五代——除后唐在河南洛阳外，其余均在汴梁（开封）。

宋朝：

北宋——在河南汴梁（开封）。

南宋——在浙江杭州。

金——开始在北京，后来迁到河南汴梁（开封）。

元朝——北京。

明朝——先在南京，后来迁到北京。

清朝——在北京。

民国初年——在北京（北京古城，先后建都，共有一千年）。

综上可知，中国历代古都，以洛阳、西安、北京三个古城，作为京都的时间最长，都有一千年之久。

以下是顾老讲北京沿革。

在北京建作京都已有一千年的历史。以什么地方做京都，是有条件的：要有山可以防守；要有水可以生活。

北京有永定河，又有西山。另外还有昆明湖、什刹海、中南海，这些水都相通连。所以，这个地方就具有了建都的条件。

北京在古代是怎样的？

《史记》说：周武王封黄帝后于蓟。“蓟”在北京。还有，说周朝封功臣召公于燕。燕不是北京，因为燕把蓟灭掉了。可知燕和蓟原本不是一个地方。可是，燕国自春秋直到战国时代，都是在北京这一带区域。

北京过去发掘出来的文物，都无有燕国的器物，可以知道燕国京都不在北京。燕国京都在哪里？在易县。所以，说北京为燕京，燕国的京城，是错的。说易县为燕国的下都，也是错的。易县今日仍然留有不少燕国时代的文物。

清代乾隆皇帝这个人，好事，他到处题字。乾隆在香山写了“金台夕照”四个字。金台，即黄金台，原为燕昭王所建造的。在易水东南十八里。在香山写这么四个字，是无根据的。燕国被灭亡了，燕太子丹派荆轲去刺杀秦王。人们为荆轲送行，歌曰："风萧萧兮易水寒，壮士一去兮不复还。"这件事，这首歌，也可以证明，燕国京都始终在易县。（记录者按：以上论断是顾老在一九六六年初所讲。关于北京是否为燕国的京都，另有些历史学家、历史著作，是认定北京为燕国京都。而且，有后来北京附近出土的文物为证。这个问题，算是有两种意见。一九八二年二月十六日人民日报公布了《全国首批二十四个历史文化名城》时，附有新华社对于这二十四个名城的简介。简介中关于北京，说它是燕国"重镇"。也许关于这个问题，至今尚未作出统一的定论。顾老的说法，是一家之言。）

当然，北京是属于燕国领域内的一个地方。

第一个建都在北京的，是晋朝晚期五胡十六国里的"前燕国"。前燕国王叫慕容儁，建都在北京。慕容儁是鲜卑人，前燕国只存在了几十年就亡掉了。北京没有留下它的遗物。那时这个城很小，作为京都的时间也短，又不曾起过大的作用。

到了隋朝和唐朝，全国又重新统一了。北京属于隋、唐的版图之内，定名叫幽州，在永定河畔。唐太宗东征回来的时候，经过北京，在这里建造了一个寺院，曰"悯忠寺"，以

北京孔庙内辟雍

纪念东征战争中的死者。悯忠寺，就是现今的法源寺。此寺在北京城西南。在这之后的辽朝，在北京也建造过“天宁寺塔”。这个建筑在广安门外，是北京最早的建筑，至今已有一千年。

五代时候的辽国，是第二个建都在北京的。辽是契丹人。五代时的“后晋”石敬瑭，把燕（河北）、云（山西）十六州让给契丹人。于是契丹人强大起来。杨家将就是同辽作战的。

辽在这地方建都时，定名叫“南京”。这是因为契丹原来在北边的热河。现在辽所遗留的东西，有中山公园的辽代古柏，这是活了一千年的柏树。还有，在西山的辽陵，辽代皇帝的陵墓，是抗日战争以前发现的，有墓志，其文字是契丹文，看不懂。现在已经有人弄懂了是辽的帝王与其皇后的墓。

辽时的北京城，在现今城市的西南，在永定河畔，为正方形。

后来，辽继续向南边发展。到宋真宗时，丞相寇准建议真宗到澶渊这个地方，去同辽人见面，然后订了盟。澶渊之盟规定了年年都要送金帛给辽。澶渊是什么地方，是今日的濮阳，在河南。河北地区全部都在辽的管辖之下。

第三个建都于北京的是“金”。定名“中都”，这时的城仍是辽时的位置，在今天北京的西南。

女真起来灭掉了辽。女真原在吉林。那时契丹人要女真进贡一种“海东青鸟”，金受不了，就起来作战，灭了辽。女真建国“金”。北京这个辽的京都，就为金所占据。

金灭了北宋，并继续南下，到淮水。领域更大了，就把北京的辽代名称“南京”改换叫“中都”，而把汴京（河南开封）称为“南京”。

北京现有的不少文物，就是这个时候从河南汴京（开封）迁移到这里来的。今天北海公园的太湖石，即是宋朝汴梁的东西。宋朝的徽宗皇帝很喜欢玩，爱好写字、画画、歌

宋徽宗《芙蓉锦鸡图》

舞，还拜道教。他造了一个大花园，叫“寿山艮岳”，园中的石头是从江苏太湖搬到河南开封的。宋朝有一个花石纲机关，专门负责搬运花石到汴梁。北宋亡了，金人又把这些石头，从汴梁运到北京来。他们何以这么喜欢太湖石呢？因了这种太湖石孔多。说它的好处是：一瘦、二皱、三透。现今在颐和园中，也有这种太湖石。

金留有卢沟桥在永定河上。这座石桥很长，桥上刻有许多石狮，这些石狮的神态又各有不同。桥的整个工程很大。元代有个意大利人叫马可·波罗，到了中国北京，看了卢沟桥。他回去以后，写了一本游记。从此以后西洋人知道了中国有多么富，多么美。他们也知道了有这么一个桥，西洋人有的就叫它“马可·波罗桥”。

金的遗物还有一个玉钵，在团城。清代乾隆为玉钵建造了一个亭子。

辽与金的京城都在今北京的西南。他们在北海、中南海一带造了离宫。

第四个建都于北京的是元朝。

辽、金以后，元人起来了。元人就是蒙古人。蒙古原先本是一个小的部落，它先先后后打掉了许多小国，并且一直往西打，攻到了莫斯科。元世祖忽必烈重新统一了中国，建都在北

卢沟桥上的狮子

京，名叫“大都”。元曲作家关汉卿就是大都人。

元朝的京都，在中南海一带，大体上如同今天的北京城，就是把辽、金的都城往东北移了一些。那时的城南到天安门，并且从这里往北伸展，成一个方形。因为元朝皇帝要“建中立极”，皇宫必须在城的中心点。所以，元朝皇宫在后来明代故宫的西边一些。距离三海较近。元代造一宫殿叫“广寒殿”在北海，皇帝在这里避暑。每到暑热季节，把北海的水汲上去，喷洒开来，所以就凉快。

元代的粮食，从南方运到北京。过去历代也多半是南粮北运，例如唐朝把运河修到长安，宋朝的运河修到汴梁，元代的运河就修在北京，主要的都是为了运粮食等物品。

那时，运河从南方通到通州，再从通州到什刹海。运粮船舶就停泊在什刹海。这里有许多米仓，如“禄米仓”、“海运仓”……至今还留有这些地方的老名。元代时，船只可以经过北新桥直达什刹海。这时有水利学家郭守敬给元人搞水利。西山一带的水，通过高梁河流入什刹海。

北京自元代开始，巷称作胡同。胡同是蒙古话，意思是井。井对于蒙古人来说，原是人们聚居之处。北京叫小巷作胡同是元代以后才有的。

元代的北京城，在元末的元顺帝逃回蒙古的时候被烧掉了。

元代遗留下的，有阜成门内妙应寺的白塔。元代人信喇嘛教，白塔寺乃是喇嘛教的建筑。这个白塔是为了纪念元朝国师八思巴而造。八思巴为元人制定了文字，他死了以后，就给他造了妙应寺白塔。

元代遗物又有耶律楚材墓。这座墓在颐和园入口处的南方。耶律楚材很有功。那时元人到处杀人，杀的人太多。每打到一处地方，就把当地居民全部杀光。耶律楚材就劝元人不要杀人。

元代建筑，在八大学院附近还有元大都西北城墙的遗迹，乾隆在这里写了“蓟门烟树”碑，实际上不是蓟门而是元门。

明代定名“北京”。

明朝时，明太祖朱元璋定都在南京，南京就叫“京师”。向来各朝历代都是把本朝的京都叫“京师”。“京”字的意思是高门楼，“师”字的意思是众人。

朱元璋的太子早早死去，就把皇位传给长孙。朱元璋死后，孙子当了皇帝。可是朱元璋的儿子，小皇帝的叔父燕王起兵造反，打到了南京，推翻了刚就位的小皇帝。燕王朱棣就在南京当了皇帝，以后决定定都在北京。为什么选了北京做京城，因为：① 朱棣原本被封在燕地；② 南京做京城，向来是偏安。南北朝时的南朝，全都把它们的京都立在南京，都是偏安的局面，不能统一管辖南北各地。

中国古代建都，多是在西安、开封、洛阳。这几处地方，都在北纬三十五度，在一条线上。在定都于西安、开封、洛阳的时候，都是全国南北统一的时候。这样的时候，这几处地方正好处在全国之中央部位。而南京就不是，南京在北纬三十二度。北京是北纬四十度。

明成祖朱棣是第一个把汉人皇朝立都在北京的人。在此之前的后燕、辽、金、元，都是少数民族的族人当皇帝。

朱棣立都在北京，还有军事原因。在这以前的皇朝建都在南京，也有其经济上的原因。所谓经济原因，是说江苏、浙江都是雨水充足，沿着太湖一带物产丰饶，所以那时说："苏杭熟、天下足。"

明成祖从军事上看，当时的敌人是蒙古。由于这个原因，他建筑北京城，又在北京城北边建筑长城。所以，他着眼于要把他的京都建立在国防最前线上。秦代的古长城在明代新造长城的北边。秦的长城，城墙是土泥筑成。明成祖的长城改用大砖大石，坚固得多。朱棣死后，他的坟墓也设在这个国防前线的北京，而不葬到南京的明陵。这样，使他的子孙们来祭祀的时候，可以看到长城，看到蒙古人。

明朝初年，朱元璋的大将徐达带兵攻破元朝的这座都城——"大都"。把"大都"改名为"北平"。明成祖迁都到这里以后，才正式改名"北京"。

明成祖用了很长时间，费了许多财力，在元代都城废墟上，重新建造都城。这一新的城，同元代的城差不多。

皇帝的宝座必须在全城的中央，所在大内皇宫要在城的正中间。

明代城门的名字，多半沿用元代老城门的名字。南城墙改丽正门叫正阳门，改文明门叫崇文门（这个城门元朝也叫哈达门，是个蒙古大将的名字，又讹为海岱门），把顺承门改为宣武门（也叫顺直门，以为又顺又直的意思），南面城门共有三个。东城墙一边，改齐化门叫朝阳门，改崇仁门叫东直门。西边城墙，改平则门（又叫平秩门，意思是西方平秩）叫阜成门，改和义门叫西直门。北面城墙，改健德门叫德胜门，改安贞门叫安定门。以上共有九个城门。

明朝又在迁都前，想把内城四面向外，再建一外城，因为财力不够，就没有实现。只在南城墙外边筑了外罗城。从此，北京城成了凸字形。

明朝皇帝住在乾清宫，皇后住在坤宁宫。又有交泰殿，意思是帝与后交之泰，是皇帝结婚的大殿。

皇宫有东、西二宫。每一皇帝都各有六个妃子，共是一后六妃，直到十二妃，后来的妃子就更多了。东宫住太子，西宫住皇后。

三大殿是皇帝与大臣们举行各种典礼的处所。当时，三大殿是奉天殿、华盖殿、谨身殿。（明朝后期改叫皇极殿、中极殿、建极殿。到了清朝，改名叫太和殿、中和殿、保和殿。）

明朝没有宰相。因为发生过一个左丞相胡惟庸造反的事，从此以后，就只建立大学士。大学士在阁内办事，故称之

北京故宫

为“阁老”，“内阁”一词就是这么来的。

实际办公的有六个部。这六个部的机关，设在紫禁城午门以外，前门以内。有东三部、西三部。东边的三个部是吏部（管官吏）、户部（管内务和财政）、礼部。这三部的地址，现在是公安部的处所。又，西三部是兵部（现在是人大会堂）、刑部（管法律）、工部。管治安的有九门提督。当时内城只有九个城门，而外城是后来加的，所以称作九门提督。行政官有顺天府尹。

皇帝同宗教是分不开的，皇帝是教主，民众因信教就更加信皇帝。所以，皇帝要设立一些坛。如天坛，意思是天是皇帝的父亲；如地坛，意思是地是皇帝的母亲；如日坛，意思是太阳是皇帝的哥哥；如月坛，意思是月亮是皇帝的姐姐。又有先农坛，是要食的坛；如蚕坛是要衣的坛。另外有风的庙，雷的庙，雨的庙。

内城不只是皇帝吃、住、办事的地方，也是皇帝祭祀的地方，有的坛就设在内城。天坛和先农坛在南城。皇帝在祭先农坛时，要亲耕籍田。

明朝皇帝的陵墓，除了南京的皇陵以外，在北京有十三陵。现在，还有十二陵的墓室，不知其所在。若是长陵的墓室能发掘出来，那是很了不起的事情，因为这长陵是明成祖朱棣的葬墓。现已经开掘的是定陵。长陵内有祾恩殿，殿有巨柱，柱可两人合围。这种巨木来自四川、云南。

十三陵以外的明皇帝陵墓，有景帝陵，在洪山口，地居北京西郊，卧佛寺附近。为什么景帝陵偏偏在这个地方？原因是兄弟之间的矛盾造成的。先是，明英宗与蒙古人作战，战败，他被俘。这时候朝里有位兵部尚书于谦，立了景帝主政，继续同蒙古打仗，景帝是英宗的弟弟。后来，元人被迫放回了英宗，他回到朝廷后作为一个王，住在皇宫。几年之后，他通过太监，在一夜之间，打翻了景帝，自己重新当了皇

明十三陵石碑坊

上，便把弟弟景帝废掉。景帝死后，葬在西郊。

明朝皇家所建花园不多，就只有三海，叫西苑，因为这里在皇宫之西。在嘉靖当皇帝时，他三十多年不上朝，不理政事，就住在西苑，一心修道。还专门修造了一个大殿，以求长生不死。这时有个户部主事叫海瑞，就上书批评。

皇帝不管事，宦官太监就横行。清朝的康熙皇帝说：明朝有十万太监，又有九千宫女，所以明朝要灭亡。

大宦官魏忠贤是明熹宗的太监，本是个无赖，因赌输了钱，就抛下妻子儿女，入宫当太监。熹宗不读书，不理事，魏忠贤就引诱这个皇帝去搞“倡优声伎，狗马射猎”，一味乱玩。更加上这个太监和熹宗的奶妈相勾结，得到了皇帝的特殊信赖，逐步替皇帝作“朱批”，操纵朝政。时人称魏忠贤为“九千九百岁爷爷”！他在六部、内阁，以至四方总督、巡抚当中，遍设党羽。他还兼掌东厂这个特务机关，这是魏忠贤死党的秘密机关。史称“阉党”。阉，是阉人，是太监的意思。

王府井北面，有个奶子府，原名迺兹府。这就是明熹宗的奶妈客氏的府第。熹宗非常宠信这个奶妈，又宠信魏忠贤。奶妈同魏忠贤勾结起来，做尽了坏事。

明朝的太监权大，也很有钱，他们出钱造的庙很多。庙建成以后，太监就请皇帝题字，伪称敕建，成了皇帝要他们造的，太监和庙都光彩。香山的碧云寺就是魏忠贤所造。熹宗死去之后，崇祯皇帝继位，就把魏忠贤这个太监逮捕治罪，他畏罪自缢而死。西山的八大处，就是八个大寺，都是太监所建造。太监何以喜好造庙呢？因太监没有儿子，他造庙以作为他老了时候的住处。

明朝时在北京的人民所居住的地区：凡是读书人，大半住在宣武门外，那里的会馆林立。会馆是专供各地来京参加科举考试的读书人居住的地方。

凡是商人，那时多住在崇文门外。所说的“花市”、花市大街是棉花市。附近还有磁器口，是卖磁器的地方。这些地名至今犹存。

凡是住在东城的，或住在西城的市民，要互相来往，都得绕过皇城。或是走过前门一带，或是走过后门一带。从东到西距离长，交通又不便，所以有的市民来往于东西之间，往往要带上行李。东长安街、西长安街、天安门广场一带地方，全是禁止通行的。北海公园前面的大桥也是不许走的。

明代遗留的铺子，一是“六必居”，传说它的匾是明代的严嵩所写。二是“砂锅居”。可能那时的铺子都叫居。

明代的遗物有天文仪器。八国联军攻掠北京时，为德国人拿走，以后又送回来了。又有大钟，在“大钟寺”（即觉生寺）。钟上铸有《华严经》、《金刚经》、《金光明经》等几种佛经。此外，还有金刚宝座塔在五塔寺（原名真觉寺，后改为大正觉寺）。宣德炉和景泰蓝都是明朝的工业。景泰蓝，是明景帝时所留下的。景泰是景帝的年号。

一九六六年一月二十八日　顾颉刚先生讲清朝和北洋军阀时期的北京

今天，我们继续讲北京沿革，讲讲清朝时候的北京。

明朝被清兵灭亡了。崇祯皇帝到煤山上吊而死。煤山，在今天的景山公园，是因在土山附近堆煤又称煤山。这么做是为的防备北京一旦被敌人包围，还可以有煤烧。

李自成进入北京以后，在宫内武英殿，称大顺皇帝。

明朝镇守山海关，同清兵作战的大将是吴三桂，他为了他的美妾陈圆圆，反过来叛了明朝，“借”了清兵攻打北京。清朝灭了明朝，仍然立都在北京。

清代的北京，城内无大改变。清朝帝王不想在宫内长住，西郊的风景好，所以在西郊大造花园。先造“圆明园”，此园很大，四周有四十里，是康熙时建造的。又造“畅春园”，园中有山，在燕京大学（现在北京大学）的对面。据记载，造圆明园时，请了法国人设计建造。园中有很大的湖水，造了东、西洋楼，洋楼的建筑全用石头，在上面刻着西洋图案画。

乾隆时候，造了“清漪园”，后改叫颐和园。又造了“静明园”，就是玉泉山；又造“静宜园”。自此以后，皇帝就不入城内的皇宫。一个原因是皇宫里的房子太大，冬天室内太冷。但在每年的冬至以后，皇帝也进城入宫，住在西宫的养心殿。因为皇帝大部分时间住在西郊的御花园里，所以在海淀这

圆明园遗址

个地方设有军机处。这里是大臣要人们居住的地方，因为海淀距离皇家大花园很近，所以，朝廷办公移到这里来。

清代贵族们，一人有许多房子和花园。例如多尔衮，清兵入关后，是第一个摄政王，就在朝阳门内造了“九爷府”。这些王府现在还保留下来了一些遗迹。

多铎杀人如麻，他率清兵到江南一带，进行大屠杀。他在扬州有十日大屠杀；到了江阴县，把人杀光了；到了苏州也要杀光，后来民众把关公像抬出来，他才收兵。他在北京的王府就是现今协和医院的地方，那里的“帅府园”，就是他的花

北京颐和园后山

园。王府井就是指的他的王府一带。

清代汉人住在城外，只有四品以上官员的汉人才可以居在城内。

清代的王，分三级：一亲王、二郡王、三贝勒。三贝子花园（现在的动物园）就是贵族大花园。还有清华园（现在为清华大学），朗润园（后为燕京大学，现改作北京大学）；这些全是清代贵族的大花园。

十九世纪，先后有一八六〇年英法联军、一九〇〇年八国联军入侵中国，打进北京，大肆杀掠。西郊五大花园，都被英法联军这些帝国主义侵略者烧光了。这些外国强盗还抢走大量皇家所藏的珍贵文物。

北京城，从前门到崇文门这一繁华地带，共有三里长，外国强盗全部给烧光了。他们在这个地方，建造起他们的使馆和医院，把东单的一片广场变作他们玩乐的跑马场。

在文物的损失上，更是令人痛心。翰林院及其中文物，全部失去。明朝那部集明以前古典书籍之大成的《永乐大典》，这是一部抄写本，没有印刷过，经这次的灾难，大都丢失。帝俄抢走许多，后来苏联送回六十本。

清代的老百姓，可以到哪里去走走呢？一是什刹海，一是陶然亭。其他的玩处都是清皇帝、贵族的，如北海、中南海、中山公园，现今的动物园、颐和园、香山等地方，老百姓根本不可能望一望的。去西山，可以去八大处。

什刹海这地方蚊子多、水臭，又是埋葬死人的所在。陶然亭这里原先并没有亭，有个辽人遗下的庙，后来有个新疆的御史来造了个亭。陶然亭距离一些会馆较近，住在会馆的一些士人，常到这个地方去走走，去时往往携带了吃的东西。然而，这里也是个埋葬死人的地方。

北京人无处可以走走，所以当时听戏的风气就盛。

到了清朝覆灭以后，换上北洋军阀，继续把北京当作京城。

清朝晚期，八旗、八旗子弟都变得异常腐败了。

“旗”，是清的军制，也是它的民制。它是全民皆兵，每一个男子都是兵，分作八个旗。最初，八旗子弟们很凶，原本在长白山下，后来他们攻打下辽宁。所以清人第一个皇帝和第二个皇帝，都埋在辽宁的沈阳。清人利用了吴三桂，才进到关内。若是没有吴三桂因圆圆的事情去请清兵入关的话，清人本来很难进到关内来的。那时，李自成的兵力虽然很强，可是他没有骑兵，所以打不过清人八旗兵，以致失败，李自成从北京逃回到山西。清兵继续南下，占有了黄河流域和长江流域，并到达了新疆和西藏。

乾隆皇帝以后，清朝的八旗军力就滑向下坡，逐渐衰落，渐渐地一切都不行了。旗人，按他的老规矩，不许经商做生意；不许做农业；只许做官，只许当兵、打仗。所有的旗人，每月只靠发饷生活。

清兵初始就有不小的问题，到一地方乱抢财物，还抢妇女，把黑布罩了女人的头去卖了。到后来，旗人做官，没有本领、没有知识。另外，旗人还不许随意离开北京，只能奉命出京，这自然是极少的人。渐渐旗人是既不能做官，也不能当兵了。八旗子弟腐化了。

到太平天国起义的时候，有了湘军、淮军，这是地方军。清皇朝此时，只能靠了这些地方军去作战，去镇压太平天国和捻军。左宗棠去打新疆白彦虎之乱，也是率领的湘军。岑春萱的父亲去打云南的回人，是带领淮军。镇压苗沛霖的捻军，也是曾国藩所率领的湘军。

那时，军权已经在曾国藩手里，八旗军转到了湘军、淮军。以至于有人曾劝曾国藩当皇帝。只是由于曾国藩是个儒家，他有君君臣臣的思想，所以他才不敢这么做。

清朝末期，湘军、淮军也不行了。于是又用袁世凯，用西洋新式武器练新军。

袁世凯是个大奸雄。他耍尽了奸猾计谋，利用许多机会搞他自己的势力。他当了清朝的山东巡抚、直隶总督、北洋大臣（专管同外国人通商做生意）。直隶总督的官职大，势力大。

袁世凯手下有三个人给他出主意，就是段祺瑞、冯国璋、王士珍。这三员大将，有主意、有办法。有人说这三员大将当中，王士珍是龙，段祺瑞是虎，冯国璋是狗，最贪。

辛亥革命起来了。清廷派袁世凯去镇压。袁世凯派冯国璋带兵到武汉去打仗。他攻下了汉口就停下来，不再打武昌。袁世凯用这个办法来压清朝末代皇帝，要清政府逊位。

接着有所谓南北议和。南方，辛亥革命的一方，以伍廷芳为谈判代表；北方，清朝、袁世凯，用唐绍仪为谈判代表。谈判当中，南方坚决举孙中山做临时大总统，于是谈判破裂，袁世凯就继续打仗。孙中山因为自己没有强大军队，没有法子，所以表示愿意用清皇朝的退位作为条件，把大总统让给袁世凯。这样，才使袁世凯满意，实现了南北议和。清皇帝退位，袁世凯当上了大总统，北京还是京城。北洋军阀统治时期开始了，叫做中华民国元年。北京没有因清朝覆亡而受到损伤，没有受到大破坏。

清朝倒台后，宫内珍宝丢失不少。北洋军阀，就偷国宝。如袁世凯的内阁总理熊希龄，先是做热河都统。承德，有清皇帝的避暑山庄，这里是清代皇帝的行宫。熊希龄在清皇朝倒台以后，他到这个宫中，偷偷拿了许多宝物。他把最珍贵的留给自己，而把次一些的皇家文物给袁世凯，又把最次的，交给故宫。到后来，熊希龄到了北京香山，借着要办香山慈幼院，到处去捐款，人称“香山王”。

有个李石曾，他从法国归来后，关于八国联军庚子赔款的事，关于清政府答应要赔给法国和比利时的钱，就由李石曾管。他趁此机会，把北京的许多学校都收管起来，改为“北平大学”的各院。

故宫博物院也是李石曾办的。有个院长叫易培基，他常借院长的方便去买些假的文物，再到故宫博物院里，偷偷换走真的珍贵文物，然后又以高价卖给外国人。

窃国大盗袁世凯偷的就不只是文物、财宝，他偷的是整个国家。

国民党初时同袁世凯的斗争很剧烈。国民党当时自以为很强大。有个领袖人物宋教仁，还很年轻，很善于演讲。他以为只要国民党掌握了国会的多数，就可以压住袁世凯，使袁世凯成为空名义的大总统，是个虚位，而宋教仁自己则可以成为有实权的内阁总理。然而结果是袁世凯用暗杀手段，干掉了宋教仁。当宋教仁从上海乘火车北上时，他刚一上火车，就被袁世凯派的人连击三枪而亡。

那时，要说国会议员，的确国民党占了多数。

民国二年，各省许多都督如江西都督李烈钧、安徽都督柏文蔚、江苏都督程德全以及湖南等省的都督，都起来讨伐袁世凯。袁世凯派了段祺瑞、张勋、冯国璋等人带上持有新武器的北洋新军去镇压。李烈钧等人的“二次革命”失败了。

袁世凯派人纠集了些流氓地痞，组成所谓请愿团，强迫国会选举，自早上八点到晚间深夜，才选出袁世凯当大总统。

接着，袁世凯又把国会中国民党议员的聘书全部收回。国民党的什么多数，就更加说不上了。

袁世凯进一步又想当皇帝。民国四年，他组织筹安会，由杨度负责，提倡君主立宪。说中国搞民国，无有程度。又请了个美国顾问古德诺，此人作了一篇文章《共和与君主论》。

袁世凯把辛亥革命的重要人物黎元洪，封作“武义亲王”，又封了其他人叫做“公”、“侯”、“伯”、“子”，以示拉拢。他觉得这样一来，就没有反抗者了，全都成了他的私人，还把这班私人派到各省去当都督。在各省又策动一些当地劣顽绅士，向袁世凯上“劝进表”，请求他做皇帝。民国五年一月一日，袁世凯在北京故宫太和殿，接受他的臣子们的朝贺，穿起了龙袍，当了皇上。年号叫洪宪。

这时蔡锷和梁启超策划，由蔡锷到云南去发动讨伐袁世凯。云南督军唐继尧是云南人，不是袁世凯圈子里的人物。蔡锷是湖南人，先曾于清朝末年在云南练过新军。蔡锷和唐继尧之间的关系甚好，他们就一同组成“护国军”，北上讨伐袁世凯。从云南往北攻打四川、贵州。可是云南是个穷省，无有力量继续北上。而这时各省的督军也觉得袁世凯当皇上不对，就先后响应蔡锷，声讨袁世凯。袁的心腹看看大势不好，也有劝袁下台的。于是袁世凯肝火大旺，一气之下，不过几个月的工夫就死掉了。

袁世凯一生一世用尽手段，是个奸诈阴险的家伙。他要了许多奸计，害死了倡导维新的光绪。

当初，康有为主张实行新政，要维新，创立“强学会”。袁世凯表示赞成，也加入了强学会。后来光绪闹戊戌变法，慈禧不喜欢，她想乘着阅兵时，废掉光绪这个皇帝。光绪得到了这个消息，就与谭嗣同商量。谭嗣同就找袁世凯商议如何办法。因为这时候光绪、慈禧两宫不和，只有袁世凯手里有新军，可以出来挽救光绪，谭嗣同向袁世凯表示，如果袁不肯出来挽救局势，保住光绪，实行新政，就请袁杀掉自己。袁世凯这时正色庄重地说：“我杀荣禄（慈禧的亲信），有如杀掉一条狗。这事我全都承担了，包在我手，我负全责，皇上可以放心。”

第二天，袁世凯到天津去，向慈禧走狗荣禄告了密，说是光绪要如何。荣禄立即动身到北京，报告给慈禧。慈禧立刻把光绪禁锢起来，并且自己垂帘听政。维新倡导者谭嗣同等慷慨就义，康有为、梁启超逃到外国去了。

民国四年春，日本提出二十一条不平等条约，要灭亡中国。日本公使就去面见袁世凯，说希望袁能“高升”。暗示日本支持他当皇帝。袁世凯就全部应诺了日本吞并中国的二十一条。只是由于全国一致坚决反对，最后没有能够签字。

袁世凯在北京，住在中南海。他造了一所石室。石室中

梁启超

放了个钱柜，柜里有三个人的名字。他原想做终身总统，说他死了以后，可以打开这个钱柜，看看名字该是谁来继承他当总统。这三个名字当中，一个就是他的长子袁克定。袁克定时常劝说他父亲当皇帝，自己当太子。

袁世凯死了之后，袁克定很有钱，住在颐和园外的一个大花园，叫“承泽园”（现在是北大的宿舍）。北洋军阀们无论换了谁执掌政权，也都要给袁克定许多钱。只是到了抗日战争起来了，他才穷困下来。解放后，每月还要给他三十元。解放几年后，他死去。

袁世凯对于黎元洪，才是用尽了手段。黎元洪原本是清朝的一个官，在武汉任协统，相当于旅长。辛亥革命时，由于要利用他的社会地位，就把他抬出来，充当头面人物。袁世凯施用狡计拉拢黎，把黎元洪拉到北京来。黎离开辛亥革命的发祥地武汉市，到了北京。一到北京，袁世凯就把他安置在中南海瀛台。黎元洪自然不高兴。因为，慈禧曾在这里幽禁过光绪。

袁世凯在北京的办公所在，先是在铁狮子胡同。第二年搬到中南海，在宝月楼办公。

袁世凯死掉之后，徐世昌把他葬在河南的彰德（安阳），这里是他的原籍。为他造一大墓，如同皇帝陵一般，气势很大。解放后，在此墓地立了两碑。一碑在墓的门前，碑曰：窃国大盗袁世凯。另一碑立于墓前，其文仍然是：窃国大盗袁世凯。

他死了以后，由段祺瑞负责统领北洋军。段祺瑞兵权在握，主张武力统一，凡不是北洋军占据的地方，他就去攻打。段祺瑞有日本人做后台，借给他钱买枪炮。那时，年年打仗。

张勋也是袁世凯北洋军的头面人物，他比段祺瑞的资格老，原在段的上头。段祺瑞就想打倒张勋。这时，张勋想复辟，还要溥仪来重做皇帝恢复清朝。段祺瑞故意作出同意复辟的假姿态。张勋就在徐州召开各省督军的会议，正式提出复辟的主张，大家也签了字，段祺瑞也派了代表签了字。

然后，张勋就到北京，逼迫黎元洪下台。因为袁世凯死亡以后，由黎元洪当大总统。张勋带上他的辫子兵进了北京，把黎元洪弄掉了，在一夜之间奉了溥仪到故宫的乾清宫，重新登基，再当皇帝，还是大清国，民国又吹了。

但段祺瑞却在马厂誓师反对复辟。梁启超在段祺瑞这里写文章，痛骂张勋。先后经过十二天，张勋复辟宣告失败。

梁启超原和康有为十分亲密，同为保皇党。但在张勋复辟时，康有为、梁启超分裂了。康有为追随张勋闹复辟。梁启超则刚从日本归来，表示进步，就组织“进步党”，反对张勋复辟。

梁启超先是拥护袁世凯以取代清朝。后来，又同蔡锷在云南搞“护国军”反对袁世凯当皇上。袁世凯死去以后，他拥护段祺瑞。民国初年，曾经通缉梁。后来，约在一九二六年前后，梁启超在清华大学教课。

段祺瑞以冯国璋为大总统，冯国璋为人贪婪。段祺瑞自己当国务院总理，实权在自己手里。总统府与国务院不和，有所谓府、院之争。其结果是冯国璋下台。段祺瑞又要徐世昌当大总统，徐世昌是个文人，府院矛盾可以缓和些。

直、皖之争爆发了。直就是直系，直隶（即河北省）这个派系，皖就是安徽这个派系，两个派系都是北洋军阀。直系头面人物是曹锟，有个大将吴佩孚替他领兵作战。曹锟的姊妹，嫁给袁世凯为妻，自然也是袁的手下人物。皖系以段祺瑞为首。双方大战结果，吴佩孚获胜，段祺瑞只好下台。

吴佩孚，本人是山东人，却属于曹锟的“直系”。他请曹锟出来当大总统。曹锟搞了一个国会贿选。凡国会议员，投曹锟一票，就私下奉送五千银元支票一张。有个议员叫邵瑞彭，就以一票为证，告到了京师地方检察所。这么一闹，社会上全都知道了这个丑剧。

直、皖之战后，北洋军权掌握在吴佩孚手里。但张作霖率奉军从东北进关，发生直、奉之战。

民国十三年，张作霖用一百五十万元银元收买冯玉祥。冯玉祥原是直系曹锟的人。冯玉祥回到北京，把曹锟关在中南海后边一个楼上。冯玉祥就要黄郛做总理，而实权是在张作霖、冯玉祥的手中。

后又请段祺瑞出来做“执政”，就改了名号不叫大总统了。可是，大权依旧在张作霖之手，段祺瑞这时已经无能为力。段祺瑞手下有个亲信人物，叫徐树铮，在廊坊被冯部驻军抓起来杀掉。这是冯玉祥示意部下去干的。“段执政”只有一年光景，后来退居到天津和上海的外国租界里。有人说蒋介石是段祺瑞的学生，实则也不是，蒋介石是看管段祺瑞的。

继此之后，张作霖亲自出来做陆海军大元帅，一脚踢开冯玉祥。从此，北洋军阀完结。这是民国十六年的事。

民国十七年北伐军打败张作霖，张从关内退出去，到东北的沈阳，在皇姑屯就被日本军人炸死了。因为张作霖要把葫芦岛开辟做商埠，这样就抢了日本在大连的生意，日本人渐渐恨起他来。

冯玉祥原为北洋军人，但他有了些新思想，参加了国民革命军，响应北伐。

蒋介石、阎锡山、冯玉祥发展成对立局面。民国十九年打了一仗，阎锡山、冯玉祥被蒋介石打败。当时是下雨天，阎锡山的军队很多人吸鸦片，要用火柴。可天在下雨，不能用火柴烧鸦片，兵士就变得无力气作战。

冯玉祥退军到西北一带地方，到绥远、陕西、甘肃等地。他很穷困，那时当个冯玉祥的县长，每月只有二十元。

蒋介石用钱收买冯玉祥的人，韩复榘就这样被蒋介石买了去，在山东省当了主席。冯玉祥变成了光杆，他到山西去，又被盘踞在山西省的阎锡山扣留起来，关禁在阎氏老家。半年以后，才被释放，他到山东住在泰山上。末后，又去了南京。

蒋介石派大舅子宋子文去拉拢张学良。宋同张学良一起游玩跳舞，在打麻将牌的时候，宋子文只输不赢。蒋介石用这类办法贿买张学良。结果，张学良也打起了蒋介石的军旗。日本人害怕中国的统一，就发动了“九一八”事变，出兵我国东北三省。

北京城从民国元年到民国十五年，始终在北洋军阀手中。军阀们靠着向外国帝国主义者借款为生，谁是主子，谁给钱。段祺瑞靠的是德国和日本给钱，但主要是日本人做靠山，因为他的亲信徐树铮是日本留学生。在北洋军阀执政并混战的年代里，北京城是杀人如麻。天天有处决人的告示张贴全城。

之后，北洋军人此起彼落，东起西落，这班人常常逃到外国使馆以及外国医院（如德国医院、日本的同仁医院，还有法国的医院）里边去躲避。所以，通缉令连同头像张挂在东交民巷的巷口，可被通缉者就在巷内逍遥自在，很保险。

黎元洪、徐世昌当大总统，政府没有什么权。只是把战胜者任命做巡阅使，管辖几个省。而战败者就免职。总统就干这个，无有啥权力。

《定军山》中的谭鑫培

广西巡阅使陆荣廷到北京，黎元洪请客，就要谭鑫培唱戏。谭氏这时已经老了，而且正在病着，也硬是要他来唱戏。谭鑫培只好到场唱了《洪洋洞》、《杨六郎归天》。据说唱得好，但过了不久，谭氏死去。这是民国六年的事。那时谭鑫培唱一出戏要三百银元。

北洋军阀盘踞北京时期，城市交通很不便。进出前门，只在中间开一门。后来，北洋政府袁世凯时代，朱启钤做内务部长，在前门开了五个门，交通方便了些。朱氏创立了“营造学社”，请梁思成研究古建筑，梁到城的四面去察看，画了许多古建筑，还出了本书即《营造学刊》。

朱启钤喜欢玩，民国三年他开放了中山公园，这个花园原本是社稷坛。

北海公园是民国十一年开放给市民的，这是在黎元洪当大总统的时候。

颐和园是溥仪出走以后，作为公园开放给人看的。原来曾经说好了，清朝皇帝退位以后，溥仪应当离开皇宫，到颐和园去住。[①]颐和园就成为溥仪的私人产业。这时，凡要去颐和园的，都得要到外交部去办护照。因为这个园是外国皇帝的花园。这是在清帝退位约定书上写明了的：今后要给以外国皇帝的待遇。按照这一约定，袁世凯写信给溥仪，就写：中华民

① 校订者按：溥仪退位后，并未根据“清室优待条件”移居颐和园，而是一直住在宫内，直至一九二四年十一月五日冯玉祥派鹿钟麟驱逐溥仪出宫。

国大总统向大清皇帝问好。

民国十三年，溥仪出走，颐和园就开为公园。[①] 那时门票是一块钱。自从慈禧死去以后，颐和园一直不曾修缮，这时已经破烂了。

北洋军阀时，开放新华门。又开和平门。还开放东、西长安街和北海、中南海之间的金鳌玉蝀桥，城内东西南北的交通就大大方便起来。又把南长街，南池子，都开了南门，使行人可以在这里通行。把清朝内城、紫禁城的原有禁地，渐次开放，破掉清代的禁令。御花园成为公园。一些禁道禁街，许可市民通行了。这都是民国时期的事。

迁京，北京要改名北平，不是京城了，京城迁到南京。这是孙中山的主张，为什么孙中山想把京城改在南京呢？这是因为他嫌那时的北京封建气氛过浓。还有一个他没有公开说明的理由，就是他想继续洪秀全立南京为京都的做法。中央政府迁到了南京以后，南京的官员，每到星期六就去上海玩一天。

北京经历过北洋军阀的此兴彼灭。北洋军阀蹂躏过北京城，他们的走马灯，也可以表列如下：

---

① 校订者按：根据一九二四年十一月五日的《修正清室优待条件》，溥仪“即日移出宫禁，以后得自由选择居住”，颐和园不再是溥仪的私人产业。

袁世凯——黎元洪（为张勋赶走）——冯国璋——徐世昌——黎元洪（又为直系军阀赶走）——曹锟——段祺瑞——张作霖（奉系军阀）

北京立都一千年的简史，就概要说到这里。

后记

我平生喜好作日记、笔记。有几本我难以忘却的珍贵的日记本，一是四十年代我在重庆红岩南方局工作时，周恩来同志所讲党史的笔记本；二是我在延安中央青委工作时记叙延安亲历亲闻的日记本；三是这本顾颉刚先生谈说中国史的笔记。前两本已经失去，唯余这个本子。居然它从“造反派”的手里又退还回来，并且在我于“文革”之难死而复生之后，我得以让它复活，这都是万分的侥幸。

我重新整理这本十六年前的笔记时，尽一切可能保持原来的风貌。我要把顾老当年所谈的体系、题目、内容甚至语言色彩，尽我可能使之以原貌重现。我采用日记体，但有章、有节，有大、小标题。虽说动手做起来，我时时感到有不少难处，因为大量笔记语言，要重新化成口语，有些多年前的字、句，我已记忆不清了。所以，差错恐所难免。我又绝不甘心因为我的无知与健忘而出现大错。

好在笔记本子记的还是可以弄清的。譬如说：古代的钱币的古字，字义与图形，都是顾老本人当时边讲边画的。又如“皇史宬”的“宬”字；柯劭忞的“忞”字；所引《诗经》里的《玄鸟》一诗及其解释；知道有的字的读音，如“识”在有的地方读作“著”（像是《彝器款识》一书），我记得清，写得清，“化”起来也就容易。然而，另有一些写不清、记不清的地方，就得去查查旁证。

我有几位志同道合的老友，总在一旁为我鸣锣击鼓，壮胆助威。黄若暾同志是最先鼓励我的，他在看这部稿子的过程中，先后都说：“好！好！确实是深入浅出，我看，这不仅是对于学史的人，与学过史的人，可以一读，就是一些老党员，没学过史想知道点儿历史的，也可以读读。”他是四十年代，在西南联大读过历史的。

还有一位丁秀同志，是“一二·九”运动时，北平市学联的师大代表，后来曾为“民先”总队部的组织部长，他在北平师大学习过。他看了此稿的一部分以后说：“这些谈论，真是深入而浅出，但要做到深入浅出是不容易的。要是真正通了的人，才能做得到。顾颉刚，人家是真正通了的。”

更有一位老史学家看过后说：“我看不出有什么问题。顾先生的看法与说法，即使有什么不同见解，也有保存价值。”

终于，经过几个月尽心竭力的案头努力，这部稿子算是整理出来了。我的愿望是：让顾颉刚先生对我一个人所谈的，使众人也能听到。如今，顾老已先我而去。这本小书，大概不是老先生的最后绝唱！相信还会有顾老著述继续刊布问世。

老人有一豪言，我尚记得：“如今，我已年老，方始想要建设古史。我要考甲骨文、金文；要考西周、商的古制。做这些，要结合外国史。”

这是在一九六六年，他已七十三岁。他在晚年犹有雄图宏志。对于这位一代史学大师开辟的独创性见解，我想一定会有后学者继续努力钻研下去的。

何启君

一九八二年六月二十五日于北京

修订再版后记

这本顾颉刚先生生前对我谈讲史事的小书，于一九八三年初版后，发生了一些令我内心感到震撼的事情。一九八三年十一月，已是万木萧萧、寒气袭人的季节。一天晚间，顾颉刚夫人打来电话，以柔和的声音传来信息：“我们有两位同志前去看望您！”不多时，来了两位素未谋面的客人。一位是文文静静的顾潮，她是顾老的女儿；一位是王煦华同志，他是顾老学术上的助手。她和他都是那样彬彬有礼，言谈中充溢着真挚的感情。王煦华同志给我的印象是，满身的书香气，是一位谦和的学者。

他们告诉我，从顾老生前的日记里，知道曾有香山疗养院同我谈论史事的事情。可是这些讲述的内容，是见了这本根据原笔记整理的小书问世以后才看到。说时，把他们抄写得字迹很工整的顾老日记的有关部分给了我。

我十分惊异，心中血流奔腾起来，感情的潮顿时波动不已。顾老居然还有日记记载下这段事情！我立刻翻阅起来，有两段记述，令我感受最深。其一是：“……以予所学，欲为工农兵服务亦惟有此有系统的‘概论’方式，才能使大众懂得，且使自己所学串成一个系统也。”这使我知道，当年所谈，乃是顾老“有系统的‘概论’”，且系顾老一生“所学串成一个系统”！

顾老是史坛大师，他一生所学、所读、所研究的，有如浩瀚的海。那一年，我只不过是想从这位老学者的知识之海里，汲取一杯、两杯营养汁液。孰知老人竟为我凝聚了偌大心血，“串成了一个系统”，讲了一个“概论”！至此，我的深深的感念之情油然而生。

其二，日记里写道：“……今日为何启君讲书时即觉精神紧张，终日不释。至夜竟服药三次。我到此间，竟似进一大学为历史讲师矣。”这些话不只反映了老人治学严谨的风貌，更呈现了那颗高尚的心是多么火热！他炽热的内心自语，放射出一缕金光，在我胸间形成一个巨大的光环，这光环燃烧着我的心。

可以看出，顾老曾为今天摆在读者面前的这本小书，倾注了多少心血！

王煦华同志谦逊地说道："在书的序言里所说的毛主席曾听过顾先生的课，这可能不合史实。"他还说："书中引用的一些书名、作者，有些是错的。"于是，我满怀着敬意对他们说："我们要对人民、对读者负责！对逝去的顾老负责！请劳驾你重新校订一遍，以便出版社重版。"我们三个人的心，迸发出同一个声音。

中国青年出版社要重版此书我早已知道了。由于党中央和团中央的倡导，一个波澜壮阔的读书热潮正在全国翻卷奔腾。人们传言着高尔基的话："书是美丽的花园，在这里有一切。"莎士比亚也讲过："书籍是全世界的营养品。生活里没有书籍就没有阳光。智慧里没有书籍，就像鸟儿没有翅膀。"于是人们，特别是正在自己的生活中建设精神文明的青年们，把书当作朋友，把书当作花园。

王震同志曾说过读些史书的好处，团组织也号召青年们"寻史"。那些为四化而献身的志士，更感到"书到用处方恨少"。

正是在这样的时代，这本小书才出现了乍一问世便被抢购一空的现象。中国青年出版社素来把为青年一代服务作为自己的出书宗旨，他们忠诚于这个崇高的事业。我想，重版这本小书，也正是为了实现为青年一代服务的宗旨，使大量没有看到这本书的人，能够读一读。

王煦华同志是一位在顾老的慧眼中很受器重的史学研究者。他一九四九年时曾是顾先生的学生。一九七八年，颉刚先生特地请他从上海来北京，作为自己的助手，整理平生的著作。老人逝去后，煦华同志受中国社会科学院历史研究所的委托，继续整理出版顾先生的遗著。他是历史所的副研究员，这次他对这本小书重新一一作了考证，查对了大量古史书，作了校订。应该说，这个修订本，是比较准确的了。

事情能发展到今天这样，是起初我所意料不到的，因而每每感到内心震撼。

何启君

一九八四年五月七日于北京

校订后记

一九六五年冬至一九六六年春这段时间，顾颉刚师在香山疗养所休养。他曾为何启君同志说过中国的历史。当时何老边听边记，作了厚厚一册的详细记录。在十年动乱中，这册笔记虽然遭到劫难，但竟幸运地完整地保存了下来，这是令人非常高兴的事。更为难得的是，何老为了让顾师对他一个人所谈的，使众人也能听到，又费了几个月尽心竭力的努力，把他的笔记整理成为《中国史学入门》一书出版，实现了顾师的遗愿。革命老同志的这种谦虚好学、认真不苟和一心为大众的精神，令人钦敬！

这本书问世以后，深受广大爱好历史的读者的欢迎。但也发现有一些差错。出版社以我在整理顾先生的遗著，嘱校订一遍。对我来说，这是一项义不容辞的任务。虽然自己感到很谫陋，但还是承担下来，做一些必要的校核和订正。

读者看了这本书之后，可能还会想知道在顾师自己的著述中对这次讲史的记载。现在就把我正整理顾先生遗著过程中所接触到的一些材料介绍如下：

一九六五年冬，顾师患结肠气囊肿，于十月二十一日住入北京医院，十一月四日动手术割除。经过一个月的治疗，于十二月三日离开北京医院，去香山疗养所休养，寓枫林村105室。在休养期间，他应何启君同志之请，为他讲中国的历史。在顾先生的日记《颉刚日程》中有以下的记载：

12月23日上午　何启君来，为谈“中国民族史概要”，未毕。

12月24日上午　何启君来，续谈“中国民族史概要”两小时。

12月25日上午　与何启君到玉华山庄，泡茶，谈“三皇、五帝问题”。

12月27日上午　为何启君讲古代史料（经学部分）……何启君同志（早年）参加革命，前任天津教育局长，今任体委宣传工作，以身子半边麻木来此休养。夙知予终身研究历史，藉同居关系向予请教，由彼笔记。予此行未携书籍，只是凭记忆发言。予在工作岗位上向来只是用显微镜，而此次却要用望远镜。然以予所学，欲为工农兵服务亦惟有此有系统的“概论”方式。才能使大众懂得，且使自己所学串成一个系统也。

12月28日上午　与何启君同行碧云寺散步，归，为讲“战国诸子”。

12月29日上午　为何启君讲“战国诸子”讫。

12月30日上午　为何启君讲“经、子外战国书籍八种”。

1966年1月4日中午　何启君来，为讲《二十四史》及《新元史》、《清史稿》等。

1月6日下午　为何启君讲“康、梁、罗、王、钱”事。

1月7日上午　为何启君讲“杂史”及接近杂史之资料。

1月8日上午　为何启君讲“经学史”二小时……今日为何启君讲书时即觉精神紧张，终日不释。至夜竟服药三次。我到此时，竟似进一大学为历史讲师矣。即理发师王君，亦以北京史事询我。

1月9日上午　为何启君、章真园、张自清讲“清末今古文学的斗争”与“近七十年的发现”，约二小时。

1月10日上午　为何启君、章真园、张自清讲“近七十年发现之古物”及“传世诸珍物”。

1月11日下午　何启君来，为讲“北洋军阀”。夜，续为启君讲“北洋”。

1月12日上午　为启君、自清、真园续讲“古物及史料”讫。

1月13日上午　为启君、自清、真园讲“母系社会的遗留”与“中国文学的流变”。

1月14日上午　为启君、自清、真园续讲“中国文学”及“中国宗教”。

1月15日　今晨启君来告，让我休息，本日请假。予意，此殆所方不欲予多费精力，故嘱彼勿来也。

1月16日上午　为启君讲“中国哲学思想史大凡”二小时半。下午，到启君室，补谈上午题。

1月17日　启君与张倜并今日离所……自上月廿三日起，至昨日止，计为启君讲十六次，光凭记忆，不知有多少错误。

按上述的记载，顾师为何启君同志讲史实为十八次。至于讲北京的历史，则并不是专为何启君同志一人讲的，而是为疗养所的休养同人讲的，并且在讲之前认真地作了提纲，还画了地图。他的日记中有以下的记载：

1966年1月3日下午　准备“北京历史提纲”。

1月4日下午　草“北京历史”发言提纲，未毕。

1月5日上午　草“辽、金、元、明、清五代北京城图”，讫。

何启君招黄金铭来，交与重画。续作“发言提纲”。中午，未成眠。下午，续作“发言提纲”略讫。

1月6日上午　黄金铭来。重看“发言提纲”。十时，到职工食堂讲“北京历史”，自古迄元，十一时止。

今日为诸同人讲北京历史，以兄弟楼休养员（患肝炎者）亦要听，改于职工食堂举行，讲五十分钟，尚需续讲。闻人言，予讲得“生动”，此为未期之成果。又有些人说我在黑板上写的字好。

1月9日下午　重写“明代北京史提纲”。

1月11日上午　十时到职工食堂，续讲“北京的历史”（明、清），至十一时一刻讲讫。

上次予讲“北京历史”时，兄弟楼要求听，故在职工食堂讲。今日兄弟楼同人都不来。闻启君言，彼方对演讲有意见，即赵朴初讲毛主席诗词，吴作人讲画，亦在反对之列。奇哉此不必要之矛盾！

除了日记之外，在他的遗稿中，还有一本在北京医院香山枫林村的生活杂志，上面有讲杂史、中国宗教、北京历史的简单的提纲和讲史时便于何启君同志作笔记而随手写的人名、地名、书名和画的图形等等。

把顾师日记中关于讲史时间的记载和何老的每讲前的引言对照起来看，就会发现有不一致的地方。这是由于何老整理笔记时，为了系统化，把讲课的顺序重新作了编排，顺序既然变了，就不能再写上原来的讲课日子，而只能根据编排了的顺序虚拟讲课的日期，从而出现了两者时间上的不一致。所以我把日记中的有关记载详细摘录出来，一方面是让读者全面知道这次讲史的情况和顾师对此次谈史的重视，另一方面则是为了不使后人见到了日记后，花费精力去作不必要的考证。

由于顾师去香山枫林村疗养，未携书籍，讲史时全凭记忆，所讲的一些史实和引用的原文不可能完全准确无误。顾师是苏州人，何老是北方人，南北口音不同，记录时也造成了一些差错。所以我的校核订正工作，主要就是改正这两种情况下所造成的差错。至于体制和内容以及一些难以考核的民国年间的传闻，则未做任何改动。有些属于顾师一家之言和后来情况有了变动的地方，则增加了一些按语予以说明。另外，书首增加了一些插图，让读者对顾先生有更全面的了解。可以见到顾师除了专门研究古史外，对历史知识的通俗化工作是极其重视的。他不是关在象牙塔里的不问世事的学者，而是对国家民族的兴亡有着强烈的责任感的热爱祖国的历史学家。

在校订过程中，得到沈文倬、吴丰培、胡家聪、应永深、王宇信、杨升南、顾潮、顾洪等同志许多帮助；一些读者也来信指出了一些问题，出版社更给予大力的支持，使校订工作能够很快地顺利完成，谨致衷心的感谢！但由于水平的限制，遗漏在所难免，希望专家学者和广大读者继续予以指正。

王煦华

一九八四年四月三十日

三版校订后记

一九九二年七月，何老在收拾陈年的笔记本时，发现了一本褐色的笔记本，是顾颉刚先生讲述中国历史的记录。他非常高兴地把这个新发现，打电话告诉我，让我分享这份喜悦。当时他要去秦皇岛休养两个月，说要在休养期间，把它整理出来。等他休养回来，果然已全部整理好，交给了出版社。出版社又把整理稿和笔记本都送给了我。要我像以前那样做些校订工作。我愉快地接受了这个任务。

打开笔记本和整理稿，我先仔细看了一遍，发现从内容到顺序，都和顾师日记中记载的一九六五年十二月二十三日至三十日七次所讲的“中国民族史概要”、“三皇、五帝问题”、“古代史料（经学部分）”、“战国诸子”、“经、子外战国书籍八种”，完全相吻合。这本笔记无疑就是这几次讲史的记录。

可是，这里却冒出了一个难题，因为新发现的笔记本中的“中国民族史概要”和初、二版的第七章的“‘中国’、‘中华民族’之渊源”，一看目次就明显地感到重复了。这是什么道理呢？难道这个问题顾师讲了两次，但这是不可能的。为此，我把两处的内容详加核对，并认真阅读初、二版的第六章“略谈中国古代社会”，再查看顾师的日记，特别是一九六六年一月十三日的日记，“为启君、自清、真园讲‘母系社会的遗留’与‘中国文学的流变’”的记载，细细琢磨分析得知顾师日记中所说的“母系社会的遗留”，即何老整理成的“略谈中国古代社会”，这章末尾说，“还可看到一点点母系氏族社会时所遗下的痕迹”，就是明证。至于初、二版的第七章“‘中国’，‘中华民族’之渊源”，它的末尾则说：“我们要说的中国古代社会、古中国、古中华，简略说说就这么些吧！”可见，顾师是把它们作为相关联的问题合在一起讲的。因此，第七章应跟第六章合在一起，我就在三版的目次中删去原第七章的章名。这样可能更合于顾师讲史时的原貌。这次褐色笔记本中的顾师讲史记录，无论从内容来看，或从讲述的时间顺序来看，都应列在最前面，所以目次的顺序也作了一些更改。

顾师为何老讲史虽是系统的讲述，但毕竟是凭记忆的口述，不能像写文章那样谨严，因此，内容上有缺漏和详略不一，体例上也不严格，这些地方都保持原貌，未加补充、调整和改动，我的校订工作，跟上一次一样，主要是改正引用原文和记录时造成的一些差错，这里就不一一赘述了。由于水平的限制，应该校订而遗漏的在所难免，敬请专家学者和广大读者指正。

今年是顾颉刚先生诞生一百周年，出版社特出此书三版，以资纪念。

王煦华

一九九三年四月四日

国家新闻出版广电总局

首届向全国推荐中华优秀传统文化普及图书

大家小书书目

国学救亡讲演录	章太炎 著 蒙 木 编
门外文谈	鲁 迅 著
经典常谈	朱自清 著
语言与文化	罗常培 著
习坎庸言校正	罗 庸 著 杜志勇 校注
鸭池十讲（增订本）	罗 庸 著 杜志勇 编订
古代汉语常识	王 力 著
国学概论新编	谭正璧 编著
文言尺牍入门	谭正璧 著
日用交谊尺牍	谭正璧 著
敦煌学概论	姜亮夫 著
训诂简论	陆宗达 著
金石丛话	施蛰存 著
常识	周有光 著 叶 芳 编
文言津逮	张中行 著
经学常谈	屈守元 著
国学讲演录	程应镠 著
英语学习	李赋宁 著
中国字典史略	刘叶秋 著
语文修养	刘叶秋 著
笔祸史谈丛	黄 裳 著
古典目录学浅说	来新夏 著
闲谈写对联	白化文 著
汉字知识	郭锡良 著
怎样使用标点符号（增订本）	苏培成 著
汉字构型学讲座	王 宁 著

诗境浅说	俞陛云　著
唐五代词境浅说	俞陛云　著
北宋词境浅说	俞陛云　著
南宋词境浅说	俞陛云　著
人间词话新注	王国维　著　滕咸惠　校注
苏辛词说	顾　随　著　陈　均　校
诗论	朱光潜　著
唐五代两宋词史稿	郑振铎　著
唐诗杂论	闻一多　著
诗词格律概要	王　力　著
唐宋词欣赏	夏承焘　著
槐屋古诗说	俞平伯　著
词学十讲	龙榆生　著
词曲概论	龙榆生　著
唐宋词格律	龙榆生　著
楚辞讲录	姜亮夫　著
读词偶记	詹安泰　著
中国古典诗歌讲稿	浦江清　著 浦汉明　彭书麟　整理
唐人绝句启蒙	李霁野　著
唐宋词启蒙	李霁野　著
唐诗研究	胡云翼　著
风诗心赏	萧涤非　著　萧光乾　萧海川　编
人民诗人杜甫	萧涤非　著　萧光乾　萧海川　编
唐宋词概说	吴世昌　著
宋词赏析	沈祖棻　著
唐人七绝诗浅释	沈祖棻　著
道教徒的诗人李白及其痛苦	李长之　著
英美现代诗谈	王佐良　著　董伯韬　编
闲坐说诗经	金性尧　著
陶渊明批评	萧望卿　著

古典诗文述略	吴小如　著
诗的魅力 ——郑敏谈外国诗歌	郑　敏　著
新诗与传统	郑　敏　著
一诗一世界	邵燕祥　著
舒芜说诗	舒　芜　著
名篇词例选说	叶嘉莹　著
汉魏六朝诗简说	王运熙　著　董伯韬　编
唐诗纵横谈	周勋初　著
楚辞讲座	汤炳正　著 汤序波　汤文瑞　整理
好诗不厌百回读	袁行霈　著
山水有清音 ——古代山水田园诗鉴要	葛晓音　著
红楼梦考证	胡　适　著
《水浒传》考证	胡　适　著
《水浒传》与中国社会	萨孟武　著
《西游记》与中国古代政治	萨孟武　著
《红楼梦》与中国旧家庭	萨孟武　著
《金瓶梅》人物	孟　超　著　张光宇　绘
水泊梁山英雄谱	孟　超　著　张光宇　绘
水浒五论	聂绀弩　著
《三国演义》试论	董每戡　著
《红楼梦》的艺术生命	吴组缃　著　刘勇强　编
《红楼梦》探源	吴世昌　著
《西游记》漫话	林　庚　著
史诗《红楼梦》	何其芳　著 王叔晖　图　蒙　木　编
细说红楼	周绍良　著
红楼小讲	周汝昌　著　周伦玲　整理

曹雪芹的故事	周汝昌　著　周伦玲　整理
古典小说漫稿	吴小如　著
三生石上旧精魂 ——中国古代小说与宗教	白化文　著
《金瓶梅》十二讲	宁宗一　著
中国古典小说十五讲	宁宗一　著
古体小说论要	程毅中　著
近体小说论要	程毅中　著
《聊斋志异》面面观	马振方　著
《儒林外史》简说	何满子　著

我的杂学	周作人　著　张丽华　编
写作常谈	叶圣陶　著
中国骈文概论	瞿兑之　著
谈修养	朱光潜　著
给青年的十二封信	朱光潜　著
论雅俗共赏	朱自清　著
文学概论讲义	老　舍　著
中国文学史导论	罗　庸　著　杜志勇　辑校
给少男少女	李霁野　著
古典文学略述	王季思　著　王兆凯　编
古典戏曲略说	王季思　著　王兆凯　编
鲁迅批判	李长之　著
唐代进士行卷与文学	程千帆　著
说八股	启　功　张中行　金克木　著
译余偶拾	杨宪益　著
文学漫识	杨宪益　著
三国谈心录	金性尧　著
夜阑话韩柳	金性尧　著
漫谈西方文学	李赋宁　著
历代笔记概述	刘叶秋　著

周作人概观	舒　芜　著
古代文学入门	王运熙　著　董伯韬　编
有琴一张	资中筠　著
中国文化与世界文化	乐黛云　著
新文学小讲	严家炎　著
回归，还是出发	高尔泰　著
文学的阅读	洪子诚　著
中国文学1949—1989	洪子诚　著
鲁迅作品细读	钱理群　著
中国戏曲	么书仪　著
元曲十题	么书仪　著
唐宋八大家 ——古代散文的典范	葛晓音　选译
辛亥革命亲历记	吴玉章　著
中国历史讲话	熊十力　著
中国史学入门	顾颉刚　著　何启君　整理
秦汉的方士与儒生	顾颉刚　著
三国史话	吕思勉　著
史学要论	李大钊　著
中国近代史	蒋廷黻　著
民族与古代中国史	傅斯年　著
五谷史话	万国鼎　著　徐定懿　编
民族文话	郑振铎　著
史料与史学	翦伯赞　著
秦汉史九讲	翦伯赞　著
唐代社会概略	黄现璠　著
清史简述	郑天挺　著
两汉社会生活概述	谢国桢　著
中国文化与中国的兵	雷海宗　著
元史讲座	韩儒林　著

魏晋南北朝史稿	贺昌群 著
汉唐精神	贺昌群 著
海上丝路与文化交流	常任侠 著
中国史纲	张荫麟 著
两宋史纲	张荫麟 著
北宋政治改革家王安石	邓广铭 著
从紫禁城到故宫 ——营建、艺术、史事	单士元 著
春秋史	童书业 著
明史简述	吴 晗 著
朱元璋传	吴 晗 著
明朝开国史	吴 晗 著
旧史新谈	吴 晗 著 习 之 编
史学遗产六讲	白寿彝 著
先秦思想讲话	杨向奎 著
司马迁之人格与风格	李长之 著
历史人物	郭沫若 著
屈原研究（增订本）	郭沫若 著
考古寻根记	苏秉琦 著
舆地勾稽六十年	谭其骧 著
魏晋南北朝隋唐史	唐长孺 著
秦汉史略	何兹全 著
魏晋南北朝史略	何兹全 著
司马迁	季镇淮 著
唐王朝的崛起与兴盛	汪 篯 著
南北朝史话	程应镠 著
二千年间	胡 绳 著
论三国人物	方诗铭 著
辽代史话	陈 述 著
考古发现与中西文化交流	宿 白 著
清史三百年	戴 逸 著

清史寻踪	戴　逸　著
走出中国近代史	章开沅　著
中国古代政治文明讲略	张传玺　著
艺术、神话与祭祀	张光直　著 刘　静　乌鲁木加甫　译
中国古代衣食住行	许嘉璐　著
辽夏金元小史	邱树森　著
中国古代史学十讲	瞿林东　著
历代官制概述	瞿宣颖　著
宾虹论画	黄宾虹　著
中国绘画史	陈师曾　著
和青年朋友谈书法	沈尹默　著
中国画法研究	吕凤子　著
桥梁史话	茅以升　著
中国戏剧史讲座	周贻白　著
中国戏剧简史	董每戡　著
西洋戏剧简史	董每戡　著
俞平伯说昆曲	俞平伯　著　陈　均　编
新建筑与流派	童　寯　著
论园	童　寯　著
拙匠随笔	梁思成　著　林　洙　编
中国建筑艺术	梁思成　著　林　洙　编
沈从文讲文物	沈从文　著　王　风　编
中国画的艺术	徐悲鸿　著　马小起　编
中国绘画史纲	傅抱石　著
龙坡谈艺	台静农　著
中国舞蹈史话	常任侠　著
中国美术史谈	常任侠　著
说书与戏曲	金受申　著
世界美术名作二十讲	傅　雷　著

中国画论体系及其批评	李长之　著
金石书画漫谈	启　功　著　赵仁珪　编
吞山怀谷 ——中国山水园林艺术	汪菊渊　著
故宫探微	朱家溍　著
中国古代音乐与舞蹈	阴法鲁　著　刘玉才　编
梓翁说园	陈从周　著
旧戏新谈	黄　裳　著
民间年画十讲	王树村　著　姜彦文　编
民间美术与民俗	王树村　著　姜彦文　编
长城史话	罗哲文　著
天工人巧 ——中国古园林六讲	罗哲文　著
现代建筑奠基人	罗小未　著
世界桥梁趣谈	唐寰澄　著
如何欣赏一座桥	唐寰澄　著
桥梁的故事	唐寰澄　著
园林的意境	周维权　著
万方安和 ——皇家园林的故事	周维权　著
乡土漫谈	陈志华　著
现代建筑的故事	吴焕加　著
中国古代建筑概说	傅熹年　著
简易哲学纲要	蔡元培　著
大学教育	蔡元培　著 北大元培学院　编
老子、孔子、墨子及其学派	梁启超　著
春秋战国思想史话	嵇文甫　著
晚明思想史论	嵇文甫　著
新人生论	冯友兰　著

中国哲学与未来世界哲学	冯友兰　著
谈美	朱光潜　著
谈美书简	朱光潜　著
中国古代心理学思想	潘　菽　著
新人生观	罗家伦　著
佛教基本知识	周叔迦　著
儒学述要	罗　庸　著　杜志勇　辑校
老子其人其书及其学派	詹剑峰　著
周易简要	李镜池　著　李铭建　编
希腊漫话	罗念生　著
佛教常识答问	赵朴初　著
维也纳学派哲学	洪　谦　著
大一统与儒家思想	杨向奎　著
孔子的故事	李长之　著
西洋哲学史	李长之　著
哲学讲话	艾思奇　著
中国文化六讲	何兹全　著
墨子与墨家	任继愈　著
中华慧命续千年	萧萐父　著
儒学十讲	汤一介　著
汉化佛教与佛寺	白化文　著
传统文化六讲	金开诚　著　金舒年　徐令缘　编
美是自由的象征	高尔泰　著
艺术的觉醒	高尔泰　著
中华文化片论	冯天瑜　著
儒者的智慧	郭齐勇　著

中国政治思想史	吕思勉　著
市政制度	张慰慈　著
政治学大纲	张慰慈　著
民俗与迷信	江绍原　著　陈泳超　整理

政治的学问	钱端升 著 钱元强 编
从古典经济学派到马克思	陈岱孙 著
乡土中国	费孝通 著
社会调查自白	费孝通 著
怎样做好律师	张思之 著 孙国栋 编
中西之交	陈乐民 著
律师与法治	江 平 著 孙国栋 编
中华法文化史镜鉴	张晋藩 著
新闻艺术（增订本）	徐铸成 著
经济学常识	吴敬琏 著 马国川 编
中国化学史稿	张子高 编著
中国机械工程发明史	刘仙洲 著
天道与人文	竺可桢 著 施爱东 编
中国医学史略	范行准 著
优选法与统筹法平话	华罗庚 著
数学知识竞赛五讲	华罗庚 著
中国历史上的科学发明（插图本）	钱伟长 著

出版说明

“大家小书”多是一代大家的经典著作，在还属于手抄的著述年代里，每个字都是经过作者精琢细磨之后所拣选的。为尊重作者写作习惯和遣词风格、尊重语言文字自身发展流变的规律，为读者提供一个可靠的版本，“大家小书”对于已经经典化的作品不进行现代汉语的规范化处理。

提请读者特别注意。

北京出版社